ポリコレの正体

Unmasking Political Correctness

福田ますみ

「多様性尊重」「言葉狩り」の先にあるものは

方丈社

ポリコレの正体

装幀／中原達治

まえがき

「北朝鮮は本当に狂っていた。でも、このアメリカほどではなかった」

これは13歳の時に母親とともに北朝鮮を命懸けで脱出し、壮絶な経験を重ねながら米国に渡り、アイビーリーグの名門・コロンビア大学に入学した、パク・ヨンミ（Yeonmi Park）さんの言葉である。彼女は中国国境に近い北朝鮮・恵山《ヘソン》から鴨緑江《おうりょっこう》を渡って脱出したが、中国では奴隷として売られるなど辛酸《しんさん》を舐《な》めた後、極寒の夜のゴビ砂漠を歩いてモンゴルまで逃れ、やがて韓国に亡命。韓国の大学で学んだ後、ついに憧れていた「自由の国・アメリカ」の名門大学に転入した。世界で一番有名な「脱北者」と言えるかもしれない。

そのヨンミさんが、「世界最悪の独裁・全体主義国家である北朝鮮」より、「入学した米国の超一流大学のほうが、もっと狂《ナッツ》っていて驚いた」とは、どういうことなのか？

この答えの意味を理解していただくことが、本書を書いた理由の一つかもしれない。

本書のテーマは「ポリティカル・コレクトネス（Political Correctness）」である。「政治的な正しさ」とか、「政治的妥当性」といった意味とされる。長いし、舌を噛みそうな言い回しなので、本文中ではだいたい、ポリコレという言い方をしている。

ポリコレ？　あまり聞いたことがないな、という方も、まだ多いかもしれない。

だが、企業の経営陣はもとより、人事や総務、広報、PRや宣伝、CSR（企業の社会的責任）などの部署にいる方は、当然ご承知かと思う。学校や自治体の職員などもそうだ。昨今は、ポリコレや、多様性《ダイバーシティ》、ジェンダー平等への理解が足りない企業や組織は、すぐに抗議活動を起こされたり、ネット上で炎上したり、「商品不買運動」までされかねないからだ。

日本のポリコレは、古くは「心身障害者など、弱者への差別や偏見を助長しかねない言葉を使うのはやめよう」とか、「男女の性役割の固定化を進めないように」というところからスタートしたのではないかと思う。たとえば、『私作る人、僕食べる人』というようなCMはよろしくない」などという話から、やがてスチュワーデスがキャビン・アテンダント（CA）と言い換えられ、看護婦さんが看護師に置き換えられてきたようなことだ。

それらは、概《おおむ》ね「なるほど、そうだよね」と納得できることだったし、「そうした共通理解のある社会のほうが正しいし、優しいし、お互い暮らしやすくなるはず」と思えるようなことだった。そして、今でも理屈としてはそうだ。

ポリコレ問題の難しさは、それがほぼ常に「正義という仮面《マスク》」を被っていることだ。だから、反論しにくい。わずかに違和感を覚えても、「差別を許す気か！」「弱者の権利を認めないのか！」と、激しい非難に遭《あ》うのではないかという恐怖があり、議論にさえなりにくい。だが、そうしているうちに、おかしなことになってきた。

ポリコレ推進派がどんどん極端になり、過激化し、「本来の自由」を奪いはじめたのである。ポリコレ先進国の米国では、「メリークリスマスと言えない」ことをご存じだろうか？少なくとも、大手メディアでは、この言葉は使えない。なぜならキリスト教徒の祝祭を、非キリスト教徒に強要することになるから、というのである。だから、メディアもお店も「ハッピーホリデーズ」としか言えなくなってすでに久しい。

こうした言葉狩りは、恐ろしい勢いですでに進んでいる。米国下院議会では、2021年1月から、議会で「母」や「父」をはじめ、性別を規定する言葉の使用は許されなくなった。また米軍を含む、ほぼすべての公的機関のサイトから、そうした言葉はすでに消し去られている。米国には、人種差別を解消しなくてはいけないという歴史的な課題も存在していたから、ポリコレ推進勢力のターゲットは、より明確だった。

詳しくは本文に譲るが、「人種差別反対」「性差別反対」から始まり、ポリコレの概念がどんどん拡大されて「批判的人種理論（CRT）」や「制度的人種差別」「LGBT差別反対」「キャンセル・カルチャー」など、推進活動の範囲は際限なく拡がり、アメリカ社会と人々の繋がりを真っ二つに切り裂いている。

ここで、冒頭のパク・ヨンミさんの話に戻ろう。

彼女が、「アメリカのほうが北朝鮮より狂っている」と言った理由は何だったのか？

米国を代表する名門校・コロンビア大学の講義が「アメリカの社会問題の原因は、すべて白人男性にある」「すべての白人男性は植民地主義者の末裔《まつえい》。人種差別主義者《レイシスト》で性差別主義者《セクシスト》だ」という前提に立っていて、〝それ以外の一切の異論を許さない〟ことを知ったからだという。実は、コロンビア大学に限らず、今やアメリカのすべての学校、あまつさえ軍隊さえも、この前提からスタートしている。狂気としか思えないが、これこそが、教育機関を長年リベラル系の組合《ユニオン》に支配されてきたアメリカ合衆国の現実であり、ポリコレの現在地なのである。

北朝鮮には一切の自由がなかった。しかし、「自由と民主主義の国であるはずのアメリカ」に来てヨンミさんが思ったのは、「これは、批判的思考《クリティカル・シンキング》を奪おうとする洗脳であり、思想の検閲だ。アメリカ人が教えようとする反米教育《プロパガンダ》は、北朝鮮の反米教育よりずっと激しく、息苦しいほどのポリティカル・コレクトネスには驚いた」と言う。「(米国に来て)物事に対する幅広い思考力を学べると思っていたのに、大学は学生の考える力を養うのではなく、逆に『こう考えるべきだ』という方向性を強制しているだけ。それ以外は許されず、しかも誰も疑問に思っていない。将来は北朝鮮より暗いと思う」とも。

対岸の火事ではない。わが国でも、こうした過剰なポリコレの弊害がすでにさまざまなところに表れている。

その一つが2021年2月に起きた、森喜朗《もりよしろう》・元総理の「女性差別」発言である。

これも詳しくは本文をお読みいただきたいが、森氏の発言全体の本旨とは別の文脈にある、取るに足らない言葉一つだけを切り取って、「鬼の首を取ったように」全メディアをはじめ、街頭インタビューで答える人までもが寄ってたかって83歳の老人を責め立てた。公開の集団リンチである。その様子に薄気味の悪さを感じたのは私だけだろうか？

「日本の恥」「オリンピック中止だ」と、歯止めなく、無限にエスカレートしていくところが、〝徹底した不寛容〟を原理とするポリコレの特徴の一つで、とても怖いところだ。

私は社会思想史の研究者でもないし、学者でもないから、ポリコレの起源や定義について大げさに語るつもりはないが、「意図的に拡大解釈された現代ポリコレ」が、〝どこから来て〟〝何を目標にしているのか〟を知りたいとは考えてきた。その結果、今のポリコレを推進している人たちが依拠する基本原理が、どうやら新左翼運動の父と呼ばれた「ヘルベルト・マルクーゼ」に由来するらしいことや、2020年に爆発的に世界にその名を知られるようになった「ＢＬＭ《ブラック・ライブズ・マター》」が、実は「黒人の命は大事だ」という、〝人種差別反対を目的とした平和的な社会運動のスローガン〟などではなく、明らかに特定の勢力にけん引された暴力的な圧力団体であることがわかった。

これから日本でポリコレが猛威を振るうのは、何と言っても「LGBT」「ジェンダー平等」を巡る問題になるのではないかと思う。企業などが採用の際などに、履歴書に「性別欄への記入を求めない」ことは当然のようになっているし、写真はおろか、生年月日さえ聞いてはいけないというアメリカの流れが入ってきて混乱するのではないだろうか。

理屈はともかく、行き過ぎたポリコレがもたらす現実を前に、息苦しさを感じている人、危機感を持っている人、被害を受けた人に話を聞き、書いたつもりである。ただし、紙幅の都合もあり、選択的夫婦別姓についてやフェミニズム、BLMと連動したアンティファの実態などに関してはほとんど触れていない。

正しいポリコレ、正しくないポリコレがあると言うつもりはないが、誰が「政治的に正しいかどうか」を判断し、何のためにそれを進めようとしているのか？　正義の仮面の下にあるポリコレの本当の顔を知り、その先にある世界を探ってみたいと思う。

ポリコレを現状の流れのまま無批判に進めることが、公平で平等な社会づくりにつながるのか、あなたや家族、友人たちや社会を幸福にしてくれるのか？

本書が、そうしたことを考え始める契機となるのなら、これほど嬉しいことはない。

２０２１年11月

福田ますみ

目次

4章 LGBTを〝弱者ビジネス〟にしようとする人々 179

凡 例:explanatory notes

ポリコレ=ポリティカル・コレクトネス(Political Correctness)のこと。

政治的正しさ、政治的妥当性などと訳されることが多い。

本書では、基本的に「ポリコレ」と略して表記している。


BLM=ブラック・ライブズ・マター(Black Lives Matter)のこと。

「黒人の命は大事だ」「黒人の命こそ大事だ」などと訳されることが多い。

本当は、ブラック・ライブズ・マター・グローバル・ネットワーク・ファウンデーションBLMGNFなのだが、本書では主にBLMを使っている。

来歴やその実態に関しては、3章に詳しい。


LGBT=レズビアン(女性同性愛者)、ゲイ(男性同性愛者)、バイセクシャル(両性愛者)、トランスジェンダー(出生時の性と性自認が異なる人)など、いわゆる性的マイノリティー(少数者)を示す個人およびコミュニティーを表す語として使われる。

クィアやクウェスチョニング(模索中)の人を含め、LGBTQあるいはLGBTQ+などと表現すべきだと思われる方がおられるかもしれない。だが、Facebook(社名はMeta)で登録のために選べる性同一性(sexual identity)は、現時点ですでに50を超え、カテゴリーは日々増えるばかりということもあり、本書の中ではLGBTという表記で統一している。


表記ゆれについて=引用箇所については、極力引用元の表記を再現しようとしているため、本文中の表記とのバラつきが散見されると思うが、どうかご理解を賜りたい。

1章

ポリコレは、全体主義《ディストピア》への一里塚

「お母さん」とさえ呼べなくなる?
——着々と進む、狂気の言葉狩り

女子競技に元男性のトランスジェンダー女性が初めて参加した衝撃

2020東京オリンピックたけなわの2021年8月1日、インターネット上に、トランプ前アメリカ大統領のこんな発言が飛び込んできた。

「女子スポーツに男の選手が出ている。不公平じゃないか！」

ロイター通信によると、トランプ前大統領は、7月24日、アリゾナ州での講演で、新型コロナワクチン接種を支持者に呼び掛けるとともに、東京オリンピックの女子重量挙げ87キロ級に出場する五輪史上初のトランスジェンダー選手、43歳のローレル・ハバード（ニュージーランド）を「彼」と呼び、その出場に疑問を呈した。

「重量挙げの選手を見たか？ 女性の皆さんには言いたくないが、『彼』は皆さんの長年の記録を破った。立ち上がって、（軽そうに）ポーン、ポーンと挙げた。9年ぶりの記録を、『ポーン』だ。彼は片手で挙げたのかな。すごく不公平ではないか」

日本のツイッター民たちは、トランプ氏のこの発言に即座に反応、怒濤《どとう》のコメントを寄せた。

「その通りです」

「マジでそれ」

「仰《おっしゃ》るとおりでございます」

「誰もが思ってる」

「ど正論」

「認める方がどうかしてます」

「心は女子でも筋力は男だから」

「真面目にやってる選手が可哀そう！　なんでも平等一緒じゃない。これさえ言えないオリンピックなんだかなー」

「不公平どころか開いた口が…スポーツマンシップどころか」

「トランスジェンダーは自己申告制なのだろうか？　そうすると、トランスのフリをすることも可能になるってことかな？」

「さすがトランプさん、よくぞいってくれました」

「当たり前なことを言うとマイノリティが騒ぎ出すおかしな世の中」

「それを言えるのはトランプしかいないのな」

「ジェンダー・ＬＧＢＴＱ・多様性・ＳＤＧｓ・ポリコレ・フェミ……すべて左派のまやかし（政治利用）に聞こえる。そんな世界は嫌だ」

「最近湧いて出てきた多様性の結末は、これを良しとする社会なのか？」
「これがＬＧＢＴが望んだ社会なのか」
「女性への配慮ができないのに心は女性とか笑わせんな」

と、オリンピック期間中、にわかに世界を騒がせたこの重量挙げ選手・ローレル・ハバードは、10代の頃から競技を始め、ジュニアタイトルを持っていたが、30代の時に自らの性自認は女性であると宣言して性適合手術を受け、身体的にも女性となった。

トランスジェンダー女性がオリンピック出場資格を得るには、血液中のテストステロン（男性ホルモン）の濃度を、国際オリンピック委員会（以下ＩＯＣ）が定めた値（大会開催1年前から血中濃度10ナノモル／L以下）まで下げる必要があるが、ハバードはこれをクリアして、オリンピック史上初のトランスジェンダー女子選手となった。

ちなみに国際オリンピック委員会は、２０１４年までは性適合手術をすませていることも参加資格の条件としていたが、２０１５年からは、性適合手術については不問とし、テストステロンの基準値だけを条件とするようになった。

だが、スウェーデンのカロリンスカ研究所など、複数の専門家によれば、ＩＯＣの規準以下までテストステロン値が下がっていても、男性として過去に生育してきた骨格、筋力は維持されるため、スポーツのパフォーマンスにおいて、女性より有利であることには変わりがないという。まして重量挙げとなれば、その差は歴然だろう。

そのため、同種目の他の女性選手から、「不公平」「卑怯《ひきょう》」「悪い冗談」といった批判の声が上がった。トランスジェンダー女性によって、生まれながらの女性である彼女たちの活躍の場が奪われる可能性が高いのだから当然だろう。

先のトランプ氏の発言に対するツイッター民の声も、至極当たり前のことだ。

トランス女性の競技参加は、新しい「女性差別」でしかない

ところが、LGBT活動家にかかると、この常識が全く通用しない。

トランスジェンダー男性であることを公言し、特定非営利活動法人「東京レインボープライド」の共同代表である杉山文野《すぎやまふみの》氏は、元フェンシング女子日本代表である。

トランスジェンダーの元アスリートとして初めて、日本オリンピック委員会の〝女性理事〟に就任したことも話題になった。トランスジェンダー男性である杉山氏が、なぜ〝女性理事〟に就任したかと言えば、彼は性別適合手術をすべて終えておらず、女性の機能も残っているため、戸籍上は女性であるためだ。

杉山氏は、東京オリンピックが開催される直前、東京スポーツ紙の取材に答えて五輪やスポーツ界への思いを語っているのだが、その中で、ハバード選手の五輪出場について聞かれ、こう答えている。

「トランスジェンダーの元アスリートとしては非常に喜ばしいこと。五輪憲章はあらゆる差別を禁止しており、一定の属性の人がスポーツ界から排除されてはならない。その点と競技における公平性の両立をどう担保するかなのですが、少なくともローレル・ハバード選手は現行のルールを守って出場を決めたわけで、その個人に対して卑怯とかずるいという目を向けるのは筋違いであり、あってはいけないことだと考えます」

骨格や筋力の男女差については、

「体が小さい男性もいれば大きな女性もいますよね。平均すれば男性のほうがフィジカルは強いかもしれませんが、絶対的というわけではありません。身体的特徴だけでなく、裕福な国と貧困国でも状況は違う。なにをもって『公平』『不公平』と言うのかは、もう少し多角的に見る必要があるのではないでしょうか」

ネット上にこの記事がアップされると、コメント欄は批判的な意見で埋め尽くされ、肯定的なコメントはほとんどないありさまだった。そのうちのいくつかを紹介する。

「トランスジェンダー選手の問題を、貧富の差、人種による体格の差と同列に論じるのであれば、五輪はすべての競技を男女の区別なく一緒に行うのが平等だ、という結論にしかならない。ジェンダー論者たちが、女性の権利を奪っているという矛盾《むじゅん》」

「心じゃなくて体の問題でしょ。男女別で種目を分けているのが無意味になる。男女で体格も力も違うのだから、生まれた時の性で分けるのが当たり前。それを不公平というほうが不公平。こういう話を出してくるから、性的少数者を面倒くさく思ったり嫌う人が出てくるんだよ」

「自分は元女で、現在男として生きるトランスジェンダーです。ホルモン注射しても、本物の男性に勝てません。周りの人に迷惑かけたり、認めてほしいとかは思っていません。ひっそり生きていきたいと思っています。そんな風に思っているトランスジェンダーもいると思います」

競技を男女別に分けて行ってこそ「公平性」が保てる

私は、マイノリティ、マジョリティといった区別をことさらに意識することはよくないと考える。いたずらに対立を煽《あお》ることになるし、一人の人間でも、様々な属性、立場によってマイノリティになったりマジョリティになったりするからだ。

しかしこの件においては、率直に言って、性的少数派が多数派の権利を脅《おびや》かしているのではないかと思う。

杉山文野氏は、「五輪憲章はあらゆる差別を禁止しており、一定の属性の人がスポーツ界から排除されてはならない」というが、スポーツは、男女の属性によって明確に区別しなければ、そもそも競技として成り立たたない。それは、生物学的な男女差が歴然としてあるのだから当然のことで、決して差別ではない。

たとえばパラリンピックは、できるだけ公平に競うことができるように、それぞれの選手の障害の状態を勘案して、きわめて細かく出場枠や条件が決められている。ところが、トランスジェンダーの場合は、「本人の性自認という主観的な判断」と、「定められたテストステロン値をクリアしさえすれば」オリンピックへの参加資格が得られるのだ。

LGBT活動家は、ただ社会的公正や平等を望んでいるだけだと言うが、これでは公平性ではなく、優遇や特別待遇を求めていることになってしまう。

人生が自分の思うようにならないつらさ、もどかしさは、マイノリティ、マジョリティを問わず、人間ならば誰でもその人なりに抱えている。それでも私たちは、互いにいろいろなことを譲りあい受忍しつつ、ともにその一員として社会を形作ってきたのではないか。

トランスジェンダー女性のアスリートが、どうしても女子選手部門でスポーツ大会に出場したい、それは当然の権利だと主張して参加資格を獲得した場合、それによって実害を被《こうむ》る者が必ず生まれる。ローレル・ハバードのケースでも、「彼女」がオリンピックに参加できた陰には、確実に一人、力及ばず、オリンピアンとしての生涯の夢を奪われた女性選手がニュージーランドには存在する。

異論や、一切の批判を許さない社会が理想とでも言うのか？

だが、どうやら杉山文野氏のコメントを読む限り、ＬＧＢＴ活動家たちは、ＬＧＢＴの権利が最大限に行使される社会こそを望んでいるらしい。確かに、ジェンダーフリー運動が先行している米国では、ＬＧＢＴや黒人など**性的・人種的少数派の主張が極力尊重され、それに対していささかの批判もネガティブな発言もほとんど許されない社会**になってしまっている。

トランプ前大統領の発言に対するツイートにあるように、多様性やマイノリティ擁護をとことん追求したその先にある〝理想の社会〟がこれなのだろうか？　私には、小説や映画によくある、未来のディストピア世界の入り口に立っているように思えてならないのだ。

「誰もが不当に差別されることのない、公平で平等な社会を作ること」は、近代市民社会における人類共通の理念に違いない。しかし、その公平や平等、多様性を無前提に人々に強要し、結果の平等だけを唯一の善とする極度にフラットな社会が完成するとすれば、それは立派な全体主義となる。

美辞麗句《びじれいく》に隠されて密《ひそ》かに進行している事態を、私たちはもっと注視しなければならない。

「ジェンダー平等」が殺すのは「フェアプレイの精神」

渦中《かちゅう》のトランスジェンダー女性、ローレル・ハバードは、予定通り2020東京オリンピック・重量挙げ女子87キロ級に出場した。しかし、スナッチ1回目で125キロを挙げることができず、残る2回とも、125キロに挑んで失敗。トランスジェンダー女性として五輪初出場という記録は作ったが、結局、自身のレコードを残すことはできなかった。

彼女は、試合終了後、インタビューに応じ、「トランスジェンダー女子アスリートが五輪に初出場したということを強調されたくはない。私は私である。ニュージーランド国内のさまざまな人の尽力で私は五輪に出場できた。そのことを感謝したい」と控えめに語った。

彼女自身は、極力注目されたくはなかったようだ。

しかし今後、彼女に続けとばかり、世界中でトランスジェンダー女性が女子スポーツにどんどん進出していくことになるのだろうか。

米国国内では実はもうすでにこの現象は珍しくなくなっている。

２０２０年に、コネチカット州の女子高校生、セリーナ・ソウルさんがＳＮＳ上に上げた動画がいま、全米に波紋を広げている。

彼女は、高校生として州内でトップクラスに入る短距離走の女子選手だった。ところが、ある日突然彼女は好成績を収めることができなくなった。いきなり現れたトランスジェンダーの女子選手2人が2年続けて15タイトルを制覇し、しかも1位、2位を独占したため、勝利の機会を奪われたのだ。それどころか、選手権に出場する資格も、優れたコーチの目に留まることも、奨学金を得て進学する機会も失った。

彼女が異議を申し立てようとすると、一部のメディアから、「負け惜しみを言っている」「もっと練習しろ」と批判された。周囲の大人からも、「(トランスジェンダーへの) 偏見があると見なされるから黙って受け容《い》れろ」と言われた。それでも彼女は黙っていられず、他2名の女子高校生の家族とともに連邦裁判所に訴えを起こしたのだ（20年2月）。

ちなみに、2人の「トランス女子選手」は、男子の大会であれば、出場資格さえ得られない記録の持ち主だった。また、アメリカ女子陸上選手で、金メダリストのアリソン・フェニックスが持つ４００ｍの世界記録は49・26秒だが、２０１８年のデータによると、アメリカ国内だけでこの記録を上回った男子高校生は300人近くいる。

このまま女性がスポーツの場で生物学的な男性と競うとしたら、女性に活躍の場は一切なくなる。

彼女はこう訴える。

「これは、ジェンダー・アイデンティティの問題ではありません。フェアプレイの問題なのです」

この動画のタイトルは、「女子スポーツの終わり」である。

ますます進む言葉狩り

一体なぜこんなことになっているのか？

今、米国の保守派だけでなく、まともな常識を持っている市井《しせい》の多くの米国民は、かつてないほどの危機感をもって祖国の現状を憂えている。なぜなら、ポリティカル・コレクトネスという怪物が米国全体を襲い、あちこちで分断と対立、不協和音を引き起こし、米国を蝕《むしば》んでいるからである。

しかしこの言葉は、わが国ではいまだに一般にそれほど知られていない。偉そうにこう言う私自身、実は、2016年にトランプ大統領が誕生して以後にこの言葉を知ったのである。

ハイブリッド新辞林によれば、ポリコレとは、「アメリカで、性、民族、宗教などによる差別や偏見、またそれに基づく社会制度は、是正すべきとする考え方、政治的妥当性。PC」とある。

デジタル大辞泉は、もう少し詳しくこの用語を解説している。

「人種・宗教・性別などの違いによる偏見・差別を含まない、中立的な表現や用語を用いること。1980年代ごろから米国で、偏見・差別のない表現は政治的に妥当であるという考えのもとに使われるようになった。言葉の問題にとどまらず、社会から偏見・差別をなくすことを意味する場合もある。ポリティカリーコレクト。PC。政治的妥当性」

【補説】「ブラック」を「アフリカンアメリカン（アフリカ系アメリカ人）」、「メリークリスマス」を「ハッピーホリデーズ」、「ビジネスマン」を「ビジネスパーソン」と表現するなどの例がある。日本語でも、「看護婦・看護士」を「看護師」、「保母・保父」を「保育士」などの表現に改めたことが、これに相当する。

ポリコレの弊害として一番わかりやすいのが、これらの言葉の言い換えだろう。

だが、「ビジネスマン」を「ビジネスパーソン」に、日本語の「看護婦・看護士」を「看護師」に、「保母・保父」を「保育士」に、「スチュワーデス・スチュワード」を「キャビンアテンダント（CA）」と言い換えたあたりまでは、「なるほどね」、むしろ適切で妥当だと思った人が多かったのではないか。私もその一人である。

しかしこの言い換えは、今やどんどんエスカレートして過激になり、「言葉狩り」としか思えない様相を呈している。

アメリカでは、もう「メリークリスマス」と言ってはいけない？

「メリークリスマス」を「ハッピーホリデー」と言い換えたこと自体、普通の日本人にはさっぱり理解不能だろう。要するに、「メリークリスマス」は、キリスト教徒のためだけの宗教用語であり、他の宗教の信者、イスラム教徒や仏教徒、無神論者等にとっては、不快で排外主義的に聞こえる言葉であるから、誰にとってもニュートラルな表現にするべきであるとして、「ハッピーホリデー」という、まことに面白みのない言葉に換えられたのだ。クリスマスの脱キリスト教化である。ついでに、「クリスマスツリー」は、「ホリデーツリー」となった。

さまざまな集まりや催し物の冒頭で、来場者に呼びかけられる「レディース・アンド・ジェントルメン、ボーイズ・アンド・ガールズ」というアナウンスも、今やご法度《はっと》だ。東京ディズニーランドと東京ディズニーシーでもこの挨拶をすでにやめている。代わりに使われているのが、「ハロー・エブリワン」である。

首を傾《かし》げたくなるような例もある。英語で背が低い人のことを「short」と言うが、これが失礼だということになり、90年代くらいからだろうか、「vertically challenged」と呼ぶことが奨励された。これを日本語に翻訳すると、「垂直方向に挑戦している人」という意味になる。不可解な表現だが、ポリコレ的には妥当だというのである。

実はこれ、かつて、「ハンディキャップト」と呼んでいた障害者に対する表現を「フィジカリー・チャレンジド」に言い換えたのと同様のパターンである。「フィジカリー・チャレンジド」とは「肉体的に挑戦している人」の意である。

つまり、「ハンディキャップト」は回復不可能な固定化した状態を示し、ネガティブなイメージがあったが、「フィジカリー・チャレンジド」はプロセスを意味し、肉体的な困難を克服する可能性があることを示す、より前向きな表現なのだそうだ。

ただこれを、「背の低い人」に当てはめるとおかしなことになる。「short」は回復不可能な固定化した状態を示すから失礼である、これを「vertically challenged」とすれば前向きなイメージだから良い。すなわち、現在は垂直方向に挑戦している最中であり、いつか背の低さを克服できる可能性があるからだと。これでは、背が低いことイコール障害と言っていることになる。やはりこちらのほうが失礼ではないのか。

もうすぐ「お母さん」と呼べなくなる日が来る

こうした言い換えを積極的に推《お》し進めようとしている米国・民主党の強力な働きかけにより、２０２１年1月1日以降、「包括性」の観点から性的属性を示す全ての言葉を下院において使わせないという法案が提出され、可決された。父、母、ブラザー、シスターといった性別を表す単語は、使うことが許されなくなっている。

ちなみに、パパ、ママ、ダディ、マミーなど両親を表す言葉は、Grown-ups、Folks、Familyなどと言い換えられ、he、sheに至っては、両方まとめてtheyと呼ぶ。しかしtheyは本来、三人称複数であって、この言葉がhe、sheの代わりに新聞などに記載されていると、それこそ男性なのか女性なのか、一人なのか複数なのかその属性がさっぱりわからず、読者は非常に混乱しているらしい。

いったいなぜここまで性別を無視した言葉遣いをしなければならないのかと言えば、いわゆるLGBT＝性的少数者に過剰に配慮した結果である。

たとえば、パパ、ママの場合、レズビアンやゲイ同士のカップルが同性婚をしていて養子を迎えた場合など、子供にとっては、どちらがパパでどちらがママなのかわからなかったり、ママが二人、パパが二人になってしまうからなのだそうだ。

he、sheの言い換えについては、Xジェンダーやノンバイナリー、トランスジェンダーへの配慮である。

Xジェンダーやノンバイナリーとは、両者とも生物学的な性に関係なく、性自認が男性にも女性にも当てはまらないセクシュアリティであり、両者の間にわずかな定義の違いがあるが、このセクシュアリティの人たちにとっては、he、she、どちらかに決めつけて呼ばれることは苦痛なのだという。

一方、トランスジェンダーにとっては、たとえば性自認が女性の場合、sheと呼ばれたいのにheと間違って呼ばれて傷ついた、あるいはその反対の場合もあるということだ。

そこで、こうした性的少数者のために、ニュートラルなtheyに統一したほうがいいとなったわけである。

「he」と「she」を言い間違えるだけでクビになる米国教員

この男女の代名詞heとsheについては、今や米国の教育現場で、とても深刻な騒ぎを引き起こしている。

麗澤《れいたく》大学外国語学部准教授で歴史学者のジェイソン・モーガン氏は、左翼が支配する米国の現状と、その結果蔓延《まんえん》したポリコレの弊害について繰り返し批判している。そのモーガン氏が言う。

「代名詞《プロナウンス》問題は非常に危険です。元女性の生徒に対し、『彼』と言わずに『彼女』と呼んでしまった高校教師が解雇された例があります。大ベテランで、とても優秀なバージニア州の教師でしたが、女性から男性になった生徒に対し、『she』『her』『hers』を使った、ただそれだけの理由でクビになったのです。それどころか、ニューヨークやカリフォルニアでは、代名詞を誤って使ったら懲役が科されるのです。大学でも同様です。使い方を間違ったら追放になる恐れがあります」

冒頭でトランプ前大統領が、トランスジェンダー女性でオリンピック選手のローレル・ハバードを演説会場で「彼」と呼んだと書いたが、モーガン氏の説明を聞く限り、これは現在の米国社会ではとんでもないことだ。「彼女」と言わねばならないところを、公《おおやけ》の場で何の躊躇《ちゅうちょ》もなく「彼」と呼んだその時点で、社会から抹殺されかねない。

文字通りトランプ氏だけが、いやトランプ氏だからこそ、この代名詞問題を超越した発言ができたのかもしれない。

カリフォルニア州では、結婚式の際に「夫」と「妻」とも言えない

元海兵隊員で、日本在住40年の歴史研究家、マックス・フォン・シュラー・小林氏もこんな例を挙げる。

「もしあなたがカリフォルニア州で結婚式を挙げるなら、式の最中に『夫《ハズバンド》』と『妻《ワイフ》』という言葉を使ってはいけません。それは法律的に禁止されています。これからは性的に中立な、『配偶者《スパウス》』と『配偶者《スパウス》』という言葉を使うことがポリコレにかなっています。なぜなら、『夫』と『妻』という言葉は、ゲイやレズビアンの夫婦に対して失礼だからです」

シュラー氏によれば、人種的、民族的マイノリティの文化に対する過剰反応もひどいものだという。

「歌手のジャスティン・ビーバー氏が、黒人のヘアスタイル、ドレッドヘア（縮れた髪を細かく編みこんだヘアスタイル）にしたところ、批判が殺到しました。アメリカではドレッ

ドヘアは黒人特有のものと考えられているからです」

シュラー氏に教えられて、ある動画を見たことがある。それは、大学の中で白人学生がドレッドヘアをしているというだけで、黒人の女子学生から殴られる映像だ。黒人の女子学生は激昂《げっこう》して、「そのようなヘアスタイルをすべきでない！」と叫んでいた。

２０１７年２月、米国のファッション雑誌ヴォーグが、白人のモデルに日本の着物を着せて撮った写真を掲載したところ、編集部に強い抗議が寄せられた。ポリコレ的には、白人が日本人の着物を着ることは不適切なのだそうだ。

「事実」より「抗議者の気持ち」が最優先されるレイプ文化《カルチャー》

似たような事件で、もっとひどい例がある。

２０１５年夏、ボストン美術館では、クロード・モネの絵画『ラ・ジャポネーゼ』をモチーフに使ってユニークな催しを行った。これは、和服を着たモネの妻をモデルにして描いた有名な作品だが、同美術館の来館者が、この作品と同じ模様の着物を着て、作品の前に立って写真を撮るというもの。

すると、３名の抗議者が美術館にデモを行った。なぜかといえば、この催しは「人種差

こうして言葉は消されていく

2021年1月4日に米国第117議会において、下院を通過した院内規則についての内容をご紹介しよう。「多様性と包括性オフィス」が前年度の第116議会における法案のうち「ジェンダーを含む言語を次のように修正する」として指摘した点の一部だ。米国議会のサイトは、世界の誰もがすべての詳細な過程を見られるので、検索すればこの原文が見つかるはずだ。下にその一部を整理して抜き出してみた。

・「father(父)」と「mother(母)」	→「parent(親)」
・「son(息子)」と「daughter(娘)」	→「child(子)」
・「brother(兄弟)」と「sister(姉妹)」	→「sibling(きょうだい)」
・「uncle(伯父・叔父)」と「aunt(伯母・叔母)」	→「parent's sibling(親のきょうだい)」
・「nephew(甥)」と「niece(姪)」	→「sibling's child(きょうだいの子)」
・「husband(夫)」と「wife(妻)」	→「spouse(配偶者)」
・「father-in-law(義父)」と「mother-in-law(義母)」	→「parent-in-law(法律上の親)」
・「son-in-law(義理の息子)」と「daughter-in-law(義理の娘)」	→「child-in-law(義理の子)」
・「brother-in-law(義理の兄弟)」と「sister-in-law(義理の姉妹)」	→「sibling-in-law(義理のきょうだい)」
・「stepfather(継父)」と「stepmother(継母)」	→「stepparent(継親)」
・「stepson(連れ子・男)」と「stepdaughter(連れ子・女)」	→「stepchild(継子)」
・「stepbrother(連れ子の兄弟)」と「stepsister(連れ子の姉妹)」	→「stepsibling(継きょうだい)」
・「half brother(異父母兄弟)」と「half sister(異父母姉妹)」	→「half-sibling(異父母きょうだい)」
・「grandson(男の孫)」と「granddaughter(女の孫)」	→「grandchild(孫)」

★合理的な部分も、もちろんあるだろう。だが、父や母、兄や妹といった言葉を使ってはいけないということが、やがて心や文化を失うことにつながらないか心配になる。日常生活ではともかく、公的な文書では、間違いなくこれがスタンダードになっていく。多様性を認めるジェンダー平等といいながら、これでは多様性が失われるのではないか？
LGBTに配慮するためには、本当にこれ以外に方法がないのだろうか？　家族間の、何代にもわたる温かな繋がりを無意味なものにしようという意図が、そこにありはしないだろうか。

別的な文化の盗用」であるから即刻止めろというのである。

驚いたことに、ボストン美術館はたった3名の意味不明な要求に屈し、即刻これを中止した。

「ボストン美術館が中止を決めた理由は、fear（恐れ、恐怖、不安）からです。今の米国でポリコレを支持している人たちは、とても結束が固く、すぐに連携します。もし美術館が催しをやめない場合、3名の抗議者はアッという間にたくさんの人数に膨れ上がり、やがて、新聞やテレビ、雑誌が、『ボストン美術館は非常に人種差別的だ』と報じるでしょう。**結局、美術館の館長はクビになりました。この催しが差別的だったのかどうかは実は関係ありません。大切なのは、抗議者の『社会的な気持ち』なのです**」

シュラー氏は説明する。

要するに、この催しを見て「傷ついた」「ショックを受けた」という人々の〝お気持ち〟を最大限尊重しないと、今のアメリカでは、社会的に大変な報復を受けるのだ。

心の脆弱《ぜいじゃく》性、傷つきやすさという点でいえば、今の米国の大学生ほどひ弱な人種もいないだろう。

「**『レイプ文化（レイプ・カルチャー）』**という言葉があります。これはたとえば女性が社会的に不快な思いをした場合、**つまり、ある言葉や写真、映像などを見て失礼だ、ショッ**

クを受けたと感じた時、それはレイプと同じだとする考え方です。あるいは、男性が女性の体にちょっと触れること、ほんの少し視線を合わせることさえ、レイプかレイプ未遂のように受け取られます。

しかし、本来のレイプは、相手の意思に反して無理やり肉体的なセックスを強要することであり、言うまでもなくこうした場合とはまったく異なります」（シュラー氏）

「レイプ文化」とは、いくらなんでもこじつけとしか思えない被害妄想的な言葉だが、こうした言葉が生まれるほど、米国の左派、フェミニスト、特に大学の教授や学生たちは、些細《ささい》なことに対して非常に敏感に反応するという。

中には、「レイプ」という言葉を聞いただけで精神に変調をきたす学生もいるというから驚きだ。

ジェイソン・モーガン准教授が言う。

「ハーバード大学のロースクールと言えば、世界でもトップレベルの教育機関です。ここの韓国系のある教授が、数年前に、ある雑誌に投稿した内容が話題になりました。この教授の専門は性犯罪に関する法律で、強姦罪、猥褻《わいせつ》罪などに詳しいのですが、教授が『レイプ』とか『性的暴行』という言葉を使うと、学生たちがおかしくなると言うのです。『精神的に耐えられないから、性犯罪に関するあらゆる言葉は使わないでくれ』と学生から言われたといいます。しかしそれでは授業が成り立たない。そもそも学生たちは何のために学んでいるのか、わけのわからない権利を主張しすぎると教授は困惑しています」

現実にレイプされ、ひどい目に遭《あ》っている女性たちを救済するために弁護士になるはずが、ばかばかしい理由で授業自体が成り立たず、このままでは学生たちは弁護士になれない。〝あまりに自己中心的な学生が多すぎる〟というまともな意見もあるが、一方で学生たちを擁護する声も多いという。

驚くのは、こうした傷つきやすい学生のために、大学側がわざわざ彼ら「専用のシェルター」を用意していることだ。

「米国東海岸のブラウン大学は、アイビーリーグのエリート校として知られていますが、この大学の『セイフスペース（安全な場所）』には、クッキーや子供用の粘土、塗り絵の本が置いてあり、授業に出たくない学生のためのカウンセラーも待機しています。この施設を利用するある女子学生は、あるイベントに参加したところ、自分の考えや信念とは相容《あい》れないことが語られていたので、すぐにこの『セイフスペース』に逃げ帰ったそうです」

（シュラー氏）

米国の大学生というと、われわれ日本人には、何事も活発かつ自由に意見を闘わせて議論をしつつ学ぶ、いわゆるディベートに長《た》けた若者たちというイメージがあるが、今の大学にはそんな学生はまったくいないという。モーガン氏もこう話す。

「現在の米国の大学は、極左に近いリベラルの教授が完全に支配していて、学生もほとんど左翼なので、それと異なる**保守派の考えには一切聞く耳を持ちません**。議論など最初からする気がない。たまに保守派の著名人が招かれて大学に講演に来ると、学生たちは実力行使で講演阻止をするか、講演を聞きたくないので、耳を塞《ふさ》いで学生用のシェルターに逃げ込むのです」

「全ての白人は人種差別主義者」と教える、アメリカ教育のバカげた実態

モーガン氏は、南部ルイジアナ州のニューオリンズ出身だが、彼が大学院生活を送ったウィスコンシン大学は、筋金入りの左翼の巣窟《そうくつ》で、保守的な思想を持つ彼は、ここでさまざまな軋轢《あつれき》や衝突を経験した。

彼が、教授の補佐役を務めるティーチング・アシスタント（TA＝チューター）になった時のことだ。このTAになるためには、あらかじめ「多様性訓練《ダイバーシティ・トレーニング》」というのを受けなければならない。これは、米国のどの大学でも行われている。

この「多様性訓練」については、当時すでにさまざまな大学で話題になっていた。保守

的な学生がこの訓練の内容を報告した記事を読んでいたので、モーガン氏もある程度覚悟をしていた。しかしそれでも、訓練の最初から強烈な違和感を感じた。

「資料の最初のページに、『all white people are racist』と書いてあったのです。『すべての白人は人種差別主義者』という意味です。隣に座っていた、ウガンダから来ていた大学院生が私に、『なぜall white people are racistと書いてあるのか？ 私はそう思っていないんですが……』と話しかけてきました。しかし、私もどう答えていいかわかりませんでした。私自身、もちろんレイシストなどではないし、どうして前提として『all white people are racist』などと書かれているのかわからないからです」

この訓練をチューターとして行っていた女子大学院生は超フェミニストだった。彼女は、「授業に参加する学生の性的な好みを把握して、それによって授業の内容を変更したほうがいい」と主張した。

ちなみに彼女の左腕には、「私は左寄りの人間だ」というタトゥーが彫ってあった。

「米国では多様性《ダイバーシティ》が重要なキーワードになっていますが、内実は、肌の色や民族の違い、性的少数派など表面的な多様性を尊重するにすぎず、思想的多様性については、一切許されません。結局のところ、左翼のプロパガンダしか許されない状況を、多様性とはとうてい言えないと思います」（モーガン氏）

日米両国をともに愛し、憂うる２人

マックス・フォン・シュラー小林氏
Max Von Schuler Kobayashi
元海兵隊・歴史研究家。

1956年アメリカ・シカゴ生まれ。1974年に岩国基地に米軍海兵隊として来日、アメリカ軍の情報局などに従事。退役後、国際基督教大学などを経て日本国内で幅広く活動。俳優としても活躍する。著書に『アメリカはクーデターによって、社会主義国家になってしまった』、『アメリカ人が語る日本人に隠しておけないアメリカの“崩壊”』など多数。
https://tokyomaxtalks.blogspot.com/

〔写真提供:マックス・フォン・シュラー氏〕

ジェイソン・マイケル・モーガン氏
Jason Michael Morgan
麗澤大学国際学部准教授。
歴史学者。日本史研究者。

1977年アメリカ・ルイジアナ州生まれ。テネシー大で歴史学を専攻後、名古屋外大、名古屋大・大学院、中国・雲南大、ハワイ大・大学院などを経て、2014年にフルブライト研究者として早稲田大法務研究科。ウィスコンシン大で博士号を取得後、日本で研究職を務め、2020年4月より現職。敬虔なカトリック教徒でもある。『歴史バカの壁』など著書多数。

〔写真:産経新聞社〕

ともかくこの多様性訓練を経《へ》てＴＡになると、こんなことをするようになる。たとえばＴＡが床にテープで四角形を作る。白人の学生はまずみなその四角形の中に立たされ、出てはいけないと言い渡される。「差別されるのがどんなことかわからせるため」だという。白人であるというただそれだけの理由で、人種差別主義者でもないのにこうした仕打ちを受けるわけである。

　ウィスコンシン大学の構内で、ある黒人学生がＴシャツを販売していた。ふつうのＴシャツでないことは、そこに書かれた文言でわかった。「この世界は全部白人支配だ」「最高位に君臨する白人ども」「白人支配なんてクソ喰らえ」「警察を皆殺しに」……

　こんな過激なＴシャツを売るこの学生は、なんと教育学部で学んでおり、「小学校の教師になりたい」と希望しているという。そしてまたまた驚いたことに、ウィスコンシン大学の学長が彼を多様性のシンポジウムに招き、そこで話をしてほしいと要請したというのだ。

「こんなとんでもないＴシャツを学内で販売することを許され、シンポジウムの講師としても招待される。これでどうして『この世界は全部白人支配』なのか、私にはさっぱりわかりません。こんなケースが米国には山ほどあります」

　モーガン氏は嘆息する。

米国の大学では、保守派の「言論の自由」は暴力によって奪われている

「LGBTマフィア」も大学で猛威を振るっている。LGBTに対していささかでも批判的で異議を唱える教授や学生は、このLGBTマフィアからいつつるし上げられるかわからない恐怖を感じている。

あるゲイの教授の両親は、同性愛結婚をしたレズビアンだった。つまり彼は、レズビアンのカップルに養子として育てられたわけなのだが、「母親が2人いる家庭に育ったことで、相当精神的なダメージを受けた」と語り、「そのような家庭だったから、その影響で自分はゲイになってしまった。だから、ゲイやレズビアン同士のカップルが養子縁組できる制度はおかしい」と主張したところ、大学で村八分《むらはちぶ》にされてしまった。

米国の大学においてLGBTは、もはや不可侵の、聖域とも呼ぶべき存在になりつつある。

このようにポリコレは、言論の自由が最も保障されているはずの大学に、行き過ぎた言葉狩りと極端な左翼思想を植えつけた。それに洗脳された教授や学生たちによって、**今や大学ほど言論の自由が失われた空間はないと嘆かれるまでになってしまったのである。**

そして最も恐ろしいのは、保守派言論人に対して、文化大革命の紅衛兵《こうえいへい》を思わせるようなあからさまな暴力が振るわれている事実である。

2017年2月、名門・カリフォルニア大学バークレー校で、保守系ニュースサイト「ブライトバート」の編集幹部だったマイロ・ヤノボロス氏の講演が行われる予定だったが、これに反対するデモが暴徒化し、講演は中止になった。

外部の極左活動家も紛れ込んだデモ隊が、大学構内で火炎瓶による放火や、窓ガラスを叩き割るなどの破壊行為を行った。その結果、大学の被害は10万ドルに及んだ。

バーモント州のミドルベリー大学では、同年3月、登壇した保守派の論客チャールズ・マレー氏に対し、会場の学生400人の多くが一斉に20分間にわたり罵声を浴びせ続けた。マレー氏は結局、一言も話すことができなかった。さらに、裏口から脱出しようとしたマレー氏と案内役の同大学教授は暴徒に襲われ、教授はむち打ち症と脳震盪《のうしんとう》を起こした。

2019年2月には、カリフォルニア大学バークレー校で勧誘活動をしていた保守系団体の活動家が何者かに激しい暴行を受けた。一部始終を撮影したスマートフォンには、保守派の学生が大柄な男に何度も殴られるショッキングな場面が映し出されていた。

トランプは、ポリコレのタブーを破った大統領

2016年に就任したトランプ大統領は、就任前から、ポリコレこそ、米国が抱える最

大の宿痾《しゅくあ》として、これに立ち向かう姿勢を鮮明にしていた。

たとえば、「ハッピーホリデー」に変わってしまった「メリークリスマス」について、選挙戦の最中、こう言っている。

「私はクリスマスが大好きだ。だが店に行くと、クリスマスの文字がない。ハッピーホリデーばかりだ。クリスマスはどこへ行ったのだ。私はクリスマスが見たいのだ」

ポリコレ圧力をものともしないこの発言こそ、米国の伝統的な保守層や敬虔《けいけん》なキリスト教徒たちに熱烈に支持された所以《ゆえん》であろう。

翻《ひるがえ》って、前任のオバマ氏は、毎年作成する公式クリスマスカードに一度も「クリスマス」の文字を入れなかった。また、オバマ氏とミシェル夫人は、毎年、ホワイトハウスのクリスマスの飾りつけを担当している責任者に、「宗教色のないクリスマス」を要望していたという。

前任者との違いを際立たせたい意図もあったのだろう、大統領に就任したトランプ氏はさっそく、最初のクリスマスカードに「メリークリスマス」の文字を復活させた。ホワイトハウスのクリスマスの装飾も宗教色の濃い伝統的なものに回帰させた。

そして2017年11月のホワイトハウス前のクリスマスツリー点灯式では、「米大統領として世界にメリークリスマスと言えるのは、とてつもない栄誉だ」と述べ、クリスマスはただのホリデーではなく、「救い主イエス・キリストの生誕を祝う聖なる季節だ」と強調した。

結局、ポリコレを信奉する左翼勢力が「メリークリスマス」を忌《い》み嫌う本当の理由は、**非キリスト教徒への配慮というより、米社会からキリスト教色を排除することが目的なの**だ。なぜなら、キリスト教はいまだに、変貌著しい米国社会にあって、なお、その根っこであり続けているからだ。左翼にとってキリスト教は、倒すべき強力な保守勢力なのである。

トランプ前大統領は、就任直後から、米マスメディアや民主党サイドによるすさまじいネガティブキャンペーンの標的になった。

「野蛮で無知、無能」「白人至上主義者《ホワイトスプレマシー》」「女性差別主義者」「セクハラ常習犯」……。だがそれは、ポリコレを果敢に打ち破ろうとしたため、まさにこの〝ポリコレ棒〟を振りかざす左翼に、最も恐れられたためだったのである。

トランプ前大統領は実際に２０１９年３月、連邦政府が教育機関に年間３５０億ドル（３兆８５００億円）の補助金を拠出している事実を挙げ、「言論の自由を守らない大学にはこの連邦政府の補助金を削減する」という大統領令を出した。

政府が、言論の自由を強制的に守らせるやり方は、ある意味自己矛盾なのではないかとの慎重論が保守派内にもあった。しかし、ほとんどの大学が左翼の教職員で占められている現状では、強制力を伴った措置を取らなければ、現在の大学の体質を変えるのは事実上難しいとの判断だったのである。

「メルティングポット」と「サラダボウル」

現在、ポリコレとともに、多文化主義、多様性という言葉が非常にもてはやされている。しかし、これらの概念は果たして、100%手放しで肯定されるべきものなのか。

かつては、アメリカ合衆国をたとえて、「メルティングポット」と言った。日本語に訳すと、「人種のるつぼ」である。「るつぼ」とは、金属を溶かす際に使うつぼのことだ。つまり、多様な人種・民族がアメリカ社会というるつぼの中で溶け合い融合し、そこから、共通の文化や価値観が生まれると考えられたのだ。これを愛国的同化主義という。

ところが、今のアメリカ合衆国は、「サラダボウル」に例えられる。ボウルの中にはいろいろな野菜が入っているが、それらはわずかに調味料なりドレッシングで味つけされているだけで、混じり合うことがない。このサラダボウルは、固有の文化や価値観を尊重し、アイデンティティを損なわずに共存するのを良しとする多文化主義の象徴だ。金子みすゞの詩ではないが、「みんな違って、みんないい」のでバラバラのままだ。

しかしそれでいいのだろうか。

多民族国家の多くが、自国内の民族間の対立や紛争によって、国としての統合に苦慮する中、移民大国米国だけがなぜ、強い結束力のもとに国民がまとまり、世界一の経済軍事大国になったのか。

それは、愛国的同化主義によって、米国民としての誇りや愛国心を培《つちか》ったからである。対して多文化主義は、人種や民族間の対立を煽り、国への帰属意識や一体感を失わせる恐れがある。

2019年、わが国で開催されたラグビーワールドカップ大会では、日本代表チームが「ワンチーム」のスローガンのもと大健闘、初のベスト8入りを果たし、日本中に大きな感動をもたらした。その日本代表チームが、ダイバーシティ（多様性）成功の象徴として評価されていたことをご記憶の方も多いのではないかと思う。

ラグビーの国家代表資格は、当該国・地域に一定期間以上継続居住していれば、国籍を問わずに与えられるケースもあるなど、国籍や過去の代表歴が厳しく規定されているサッカーなどと比較すると柔軟だったため、日本代表チームも、多国籍・多民族の選手たちがひしめき合っていた。

2019年の代表チームの場合、16人の日本人選手と、6か国15人の外国出身選手によって構成されていた。これぞダイバーシティの見本、多文化共生の成功例とされたわけだが、彼らはしかし、「みんな違って、みんないい」ままではなかった。

多様な背景を持つ選手たちをワンチームとしてまとめ、一体感を高めたのは、他ならぬ日本精神であり、君が代であったのだ。選手たちは日本文化や歴史を勉強し、互いの共通語は日本語。キャプテンのリーチ・マイケル選手が音頭を取って君が代の歌詞の意味を選手たちに教える講座も開かれ、その後の試合で、国歌斉唱の際、涙を流す外国出身選手もいたという。

君が代というと顔をしかめる一方で、グローバルな響きのある「多様性」は無条件に受け容《い》れる。そんなリベラル派には都合の悪いエピソードかもしれないが、ラグビー日本代表があれだけの強さを発揮した原動力は、まさに〝日本愛〟だったのである。

多様性の尊重はもちろん正しいことだし、大切ではあるが、バラバラの集団を束ねる扇の要のような統一した価値軸、心の拠り所も、やはり必要ということなのではないか。

ポリコレの起源は、やはりマルクス主義だった？

そもそもポリティカル・コレクトネスという言葉は、誰がいつ使い始めたのか。一般に広く認知されるようになったのはいつ頃なのか。当初から現在の意味合いだったのか。それとも、時代とともに意図や使われ方、意味合いが変化したのか。

特に大学で蔓延《まんえん》しているのはいかなる理由からなのか。しかし、この言葉の起源は、残念ながらはっきりしない。ただし、共産主義や共産党の勃興《ぼっこう》、盛衰に伴って派生し、時代とともにその用法が微妙に変化してきたものであることは間違いないようだ。

ブリタニカ百科事典によると、ポリティカル・コレクトネスという用語自体は、1917年のロシア革命後に成立したマルクス・レーニン主義の語彙《ごい》の中に初めて登場し、当時はソビエト連邦共産党の政策と原則の遵守《じゅんしゅ》を求める言葉として使用されていたとある。しかし、この説についてインターネット上のロシア語のサイトを検索してみたところ、その由来や意味の変遷、肯定的、否定的な解釈、社会に与える影響などについて、諸説述べられているが、起源がソビエト共産党であると書かれているものはなかった。

わずかに、この言葉は19世紀に登場し、時が経つにつれて政治的な文脈でのみ使用されるようになり、主に、特定の政治的イデオロギーに対する厳格な順守を人々に呼びかける際に使われた、とある。

その顕著な例として、ナチス政権下の1930年代のドイツでは、『純粋なアーリア人』のみが「政治的に正しい」とされていたという説明がある。

その後、時代が下ると、この言葉はほぼ米国内でのみ使用され、広まってきたようだ。米国で急速に共産主義思想が浸透した1940年代から1950年代にかけては、共産主義者と社会民主主義者の間の政治的討論の場で、互いに、自分の思想がいかに堅固で原理原則に忠実であるかを競う言葉として使われたともいわれる。

ところが1960年代以降になると、この言葉の用法は本来の意味から逸脱していく。にわかに台頭した新左翼が、労働者階級の独裁による革命に固執する旧左翼を皮肉ったり揶揄《やゆ》したりする時に使用され始めたからだ。

さらに、公民権運動、ベトナム反戦運動の高まりを受け、運動体の中で、性差別的、人種差別的言動をした者に対して、革命的なコミッサール（人民委員、政治将校）の非難の口調をまねて、「同志、それは政治的にあまり正しくない」などと冗談めかして使うこともあったようだ。

つまりは、60年代以後、理論上も運動力学上もさまざまに変容し、離合集散を繰り返した左派陣営において、あくまで仲間内での皮肉やジョーク、あるいは、ちょっと斜《はす》に構えたシニカルな意味合いで流通していたようなのである。

この用語が、現在のような意味合いで一般に広まったのは1990年代以降である。

1993年12月24日付の朝日新聞は、米国の新しい現象として、ポリコレを次のように報じている。

〈米国覆う少数派保護　自由の良さ奪う恐れ　政治的公正と多文化主義

米国を、二つの現象が熱病のように覆っている。一つはＰＣと略称される「ポリティカル・コレクトネス」。法律的だけでなく政治的にも正しくなければならない、という考え方だ。もう一つはＭＣ。マルチカルチャリズム。「多文化主義」である。この二つは、本質的に違うが、少数派に関係する問題という点では共通しており、この国の多数派である白人男性や保守派からは苦々しい思いで見られている。（中略）

ＰＣとは何か。（中略）少数民族、女性、障害者、同性愛者らに気を使い、発言に注意することなどは最低限、要求される。それだけならこれまでも自然なことだったが、強制的色彩を帯びているのが特徴だ（傍点は著者）。

ＰＣ用語があり、黒人については「アフリカン・アメリカン」「ピープル・オブ・カラー」、障害者は、「フィジカリー・チャレンジド」（肉体的に挑戦している人）などと表現する。また、逆に禁止語があって、「白人はメーンストリーム（主流派）」などというと、「あなたはポリティカリー・インコレクト（穏当でない）」と皮肉られかねない。それだけではない。ＰＣに配慮しないと現実に不利を被ることもあるらしい。（中略）

ニューヨーク州立大学のデービッド・ディルワース教授（哲学）は、「60年代のヒッピーたちが90年代になって大学の教授や管理者になったことと、ちょうど新たな移民が大学に入ってきた時期が重なっていまの状況を生んでいる」という。（中略）

ＰＣが行き過ぎると、「言葉狩り」になり米国憲法修正第一条の言論の自由を侵すと心配する人も少なくない。

ディルワース教授は、「ＰＣは、思想や言論を抑圧する雰囲気を生む独善的なリベラリズムだ。コロンブスがアメリカを『発見』したという表現に反対し、あたかも先住民族は一切、残虐なことはやらなかったかのようにいう。要するにWASP（白人、アングロサクソン、プロテスタント）への反発なのだ」という。（後略）〉

現在の朝日新聞ではちょっと考えられないほど、ポリコレの負の側面、問題点を抽出し、反対派の懸念《けねん》をしっかり取材している良記事だ。今読んでも違和感がなく、説得力がある。

問題は、教条的で古臭い左翼に対する揶揄やジョークとして、運動体内部で流通していたにすぎないこの言葉が、90年代に入ってなぜ、その意味合いを変化させたのかということだ。これに対する明確な答えはないが、ある程度の推測はできる。

ポリコレの不寛容性を批判していた「パパブッシュ」の先見性

1980年代に、いくつかの大学で人種や性別を巡って、学生の対立が激化するケースがあり、その対策として、80年代末に大学当局が差別語の規制を始めたのである。いわゆる**スピーチコード**だが、たとえばミシガン大学では、「人種・エスニシティ・宗教・性差・信条・出身国・祖先・年齢・結婚状況・障害・ベトナム戦争下での兵役状況などに関して、他人の心を傷つけ屈辱感を与えるような表現を使用してはならない」という規則が作られている。

この状況を指しているのかどうか不明だが、先の朝日新聞の記事には、米有名女子大学教授の言葉として、「ポリコレは、もとはといえば1980年代前半に大学のキャンパスで起きたリベラル派の運動だ」とあるし、他の文献にも、「ポリコレは学園で生まれた言葉」という記述がある。

つまり、今日的な意味でのポリコレは、多民族国家米国の大学内で、人種や民族、性差などによる摩擦や衝突をなくそうと立ち上がった学生たちの活動と、それに呼応した大学当局の施策を通して生まれた言葉だったのではないだろうか。

そして、この用語が広まると同時に、早くも保守派からのポリコレ批判、ポリコレ論争が起きているのである。保守派は、人種や性による差別をなくすという名目で、多くの大学が事実上の言論統制や検閲を実施しており、多文化主義という原則の下、西欧中心の一般教養科目を大学から駆逐し、政治的に偏ったマイノリティ、女性学に置き換えていると主張する。また、マイノリティへの優遇措置を定めたアファーマティブアクション（積極的格差是正措置）が逆差別を生んでいるのではないかという疑問も呈していた。

　これらの対立は当時、大学における「文化戦争」と呼ばれていた。つまりポリコレという用語は、当初、大学を舞台に始まったこうした論争をきっかけに広く人口に膾炙《かいしゃ》していったものと考えられる。

　ブッシュ元大統領（父：ジョージ・H・W・ブッシュ：1924－2018）は、91年3月、厳しいスピーチコードを定めた当のミシガン大学で講演し、**「（政治的に）正しい行動を要求する改革者たちは、そのオーウェル的なやり方でもって、多様性の名のもとに多様性をつぶしている」**とポリコレの不寛容を批判した。

　オーウェルとは、もちろんジョージ・オーウェルのこと。唯一無二の党が支配する未来の全体主義社会を描いたディストピア小説『1984年』で有名な英国作家である。

　ブッシュ元大統領は、ポリコレの急速な浸透に、全体主義の悪夢を想起したのだ。

　しかし左派は、このパパブッシュのコメントに対して、「マスコミが誤った情報を事実のように報じており、保守派がそうした極端な例ばかりを取り上げて批判している」と非難した。そして、当時はちょうど東欧の社会主義国が相次いで倒れ、ソ連も崩壊寸前だったため、「共産主義に代わる敵として、右派が見つけた冷戦後の標的にすぎない」とみなした。

だが、この頃からすでに30年あまりを経て、ブッシュ元大統領や保守派の懸念は、まさに現実のものとなっている。ポリコレの暴走には歯止めがかからず、まるで、ミシガン大学が作ったスピーチコードが、国全体を覆っているようなものである。

調査で判明――ポリコレを肯定しているのは、「左翼活動家」だけ

米国のこの30年間における最も顕著な変化は、同性愛者や他の性的少数者をLGBTと総称するようになり、彼らへの差別撤廃と権利拡張、そして同性婚の完全合法化が進んだことであろう。先に引用した1993年の朝日新聞記事にも、「過去5年間に、全米の50近い大学で、同性愛者らの要求に応じて同性愛関係のカリキュラムを設ける動きが出ている」とあり、当時から現在につながる大きな変化が始まっていたことが報じられている。

米国ではいまや完全に性別の男女2元論が崩れ、〝多様な性〟はなんと50種類以上もあ

るという。

「生物学的に性は男女の2種類しかいない」などと言おうものなら「LGBT差別だ」と罵倒され、それどころか、自分の子供が同性愛者だと知ったら、これを歓迎しないといけない空気になっているそうなのだ。

これに関連して、幼児教育の現場での〝LGBT早期教育〟の押し付けも深刻な問題となっている。米国でいま盛んに行われているのは、幼稚園などに「ふれあいスペース」というのを設け、そこでトランスジェンダーの女性や男性が、園児たちに絵本を読み聞かせることである。

モーガン准教授（前出）の友人の子供が通っている幼稚園には、ウィスコンシン大学のジェンダー学部から大学院生がやって来て、「今日はみんなでパープルペンギンのゲームをしましょう」とにこやかに話しかける。

パープルペンギンとは紫色をしたペンギンのキャラクターだが、「このパープルペンギンは男でもないし女でもない。このペンギンさんのように、あなたたちも自分を男の子だと思っていても、女の子かもしれないよ」と、そして女の子には逆のことを言うのである。まだ年端《としは》もゆかない幼稚園児に対してだ。

「友人の子供は幼稚園から泣きながら帰って来て、『私は女の子だと思っていたけど、男の子になっちゃうの?』と頭が混乱し、怯《おび》えて泣いていたそうです。このような偏《かたよ》った教育が普通に行われているのですが、これに反対すると、かなり強い批判を受けてしまいます。私から見ると、幼児虐待に等しい行為です」

モーガン氏はそう語る。

トランスジェンダーに関しては、冒頭の女子スポーツへの参加の是非とともに、女子トイレの使用の可否が大問題になっている。

トランスジェンダーたちは、〝米国のどこであろうと自分が選んだ性別に合う公衆トイレを利用する権利〟を主張し、この権利が与えられなければ、それは差別であると言い張っている。

こうした彼らの主張を全面的に汲む形で、バイデン大統領は2021年1月20日の就任初日に、LGBTに関する大統領令を出した。職場や学校、医療、住居など幅広い分野でLGBTに対する差別禁止を徹底させる内容だったが、特に注目を集めたのが次の一文だ。

「子供たちがトイレ、更衣室の使用や学校スポーツへの参加を拒否されるのを恐れることなく学べるようにするべきだ」

ここで言う子供たちとは、明確にトランスジェンダーの生徒たちを指す。生物学的には男性でも、自らの性自認を女性と称する生徒たちには、女子トイレ、更衣室の使用や女子スポーツへの参加を権利として認めていくというのである。

ひと昔前なら、「そんなバカなことが……」と一笑に付されたことが、どんどん現実になっている。文字どおり、従来の常識が一転、「差別だ」、「偏見だ」、「蔑視だ」として糾弾《きゅうだん》される社会が到来しているのである。果たしてこれが、人類社会にとってより良い選択なのか？　進歩、前進と言えるのだろうか。

実は、ポリコレが米国を、本音を言えない息苦しい社会に変えてしまったと感じているのは、保守派ばかりではない。

2018年9月までに、「モア・イン・コモン」という国際グループが、米国内の8000人を対象にポリコレについて行った調査を発表しているが、実に80％が、ポリコレは問題だと回答している。白人、黒人、ヒスパニック、アジア系など、人種、民族別に見ても、回答内容に大差はなかった。

そもそもは、マイノリティへの差別や偏見を取り除くことがポリコレの目的だったはずだが、当のマイノリティ自身もポリコレを疑問視しているのである。

調査に答えたリベラル派の28歳の女性はこう語っている。

「現在のポリコレが行き過ぎであることは間違いないと思う。すべての人が些細《ささい》なことで不快感を抱くところまできてしまった」

ニューヨーク在住の43歳男性はこう言う。

「私は、ポリコレの定義は『嘘をつくこと』だと思っている。本音を言わないことは、実際にはすべての人を傷つける」

ポリコレの特徴として、表面的な言葉の言い替えに終始することで、むしろ本質的な問題を覆い隠してしまう欠点がある。つまり**ポリコレは、本音を隠して偽善的にふるまうことを強いるのだ**。

しかし、ポリコレの弊害を問題視する声がこれだけ多いにもかかわらず、なぜそれが是正されないのか？

注目したいのは、この調査が、回答者を思想信条で7つのグループに分け、その結果を分析していることである。それによると、**ポリコレを肯定的に捉えていたのは、「進歩的活動家」、つまり左翼活動家だけであることがわかった**。

結局、一部の左翼活動家だけがポリコレを押しつけ、多くの国民はそれに不満を持っているが、マイノリティの擁護や差別の解消という、それこそ「名目上の政治的正しさ」には抗《あらが》えず、仕方なく従っているというのが実情なのではないか。

蘇《よみがえ》る新左翼の神――「フランクフルト学派」が現代ポリコレの源流だった

こうした活動家の思想的根幹にあるのが、マルクス主義の〝変異株〟とも亜種とも言われる「文化マルクス主義」であることは、保守派の間ではもはや常識となっている。90年代初頭の米国大学内での「文化戦争」というのも、結局この「文化マルクス主義」と保守派との対立を指していたのではないか。

「文化マルクス主義」とは、いわゆる「フランクフルト学派」と呼ばれるグループに属した哲学者のマックス・ホルクハイマーやヘルベルト・マルクーゼ、テオドール・アドルノ、加えて、イタリアの共産主義者、アントニオ・グラムシらが提唱したマルクス主義革命理論である。

フランクフルト学派とは、第1次世界大戦後、ドイツのフランクフルト大学を中心に、マルクス主義の新たな潮流を生み出した、ユダヤ人を中心とする哲学者や歴史家のグループで、のちにナチスに追われて多くが米国に亡命した。

平たく言うと、マルクス・エンゲルス理論の根幹であった革命理論では、「最も発展した資本主義国において共産主義革命が起こる」とされていた。だが、「現実にはそうならなかった」ことを重視した彼らは、革命そのものを起こすことより、既存の資本主義社会を内部からいかに蝕《むしば》み、いかに弱体化させ、革命前夜の状況を作るかを研究した。

その結果、「家庭」こそが、悪しき保守主義のイデオロギーを育《はぐく》む元凶であるとして、家庭を解体すべく、家父長制《ペイトリアーキー》や、一夫一婦制からの脱却、性の解放を提唱、また宗教や伝統文化、地域社会も保守主義の温床であるとして徹底的な批判を行い、その崩壊を目論んだ。文化マルクス主義と言われるゆえんである。

このフランクフルト学派の中核的な一人であるマルクーゼに、『純粋寛容批判（A Critique of Pure Tolerance）』という有名な論文集がある。

自由主義社会においては、その寛容の精神によってさまざまな思想、主張が許されているが、暴力を行使した主張やテロは、やはりその寛容の精神によって禁止されている。

しかし、**社会に対して恐怖を煽り、不正義を強《し》いる保守主義に対しては、寛容の精神を棄てて徹底的に不寛容になるべきであり、反対に、社会の進歩を掲げる左翼思想については、どこまでも寛容であるべきであるとして、左翼による暴力主義を容認したもの**とされた。

この思想は折しも、1960年代後半から1970年代に世界を席巻した学生革命＝新左翼の理論的支柱として理解され、マルクーゼは当時、「新左翼の父」とも呼ばれて、一世を風靡《ふうび》したのである。

マルクーゼはまた、社会の変革の主体はもはや労働者階級ではない。彼らは体制に組み

かつての「新左翼理論」が現代ポリコレ推進派の根底に?
日大全共闘のデモ

〔写真提供:産経新聞社〕

上の写真は1968年6月12日に撮影された日本大学全共闘のデモの様子。左から2列目、手前から2人目のヘルメットを被っていない人物は、テレビプロデューサーで演出家のテリー伊藤氏。世界を席巻した学生による新左翼運動の理論的支柱は、フランクフルト学派・特にヘルベルト・マルクーゼの「批判理論」だったが、現代ポリコレも同根だという。

込まれてしまったと考え、新しい変革の主体は、学生や社会の周縁に追いやられた少数派であると主張した。しかしその少数派とは具体的にどのような人々を指すのか、マルクーゼは明示しなかった。

これを明らかにしたのが、フランクフルト学派とほぼ同時代に活躍し、同学派と同様の思想と戦略を持った人物である、イタリア共産党書記長だったアントニオ・グラムシだ。彼は1922年のムッソリーニのローマ進軍で、身の危険を感じ、ソ連に亡命した。ところが彼が実際に見たソ連社会は、恐怖政治によって社会の締め付けを図る独裁国家だった。

ソ連体制への恐怖と幻滅を感じたグラムシは、帰国すると、レーニン主義に依《よ》らない共産主義革命へのアプローチを模索する。そして、ムッソリーニによって投獄されたその獄中で、有名な『獄中ノート』を執筆した。これは、フランクフルト学派が盛んに引用する20世紀におけるマルクス主義の一つの古典になっている。

グラムシはこの中で、**労働者階級に代わって革命の英雄になるのは、歴史的に反主流とされる層、経済的に虐げられた人々だけでなく、男性に対する女性、多数民族に対する少数民族、犯罪者まで、すべてが含まれる**とした。

グラムシは、「犯罪者が悪いのではない。そういう犯罪を起こさせた社会の側にこそ責任がある」という、マルクス主義独特の犯罪者擁護論を展開したのである。

ただこの文化マルクス主義については、左派からの反論もある。これは主に米国の保守派の間で、左派の言説を批判的に分析する際に用いられる概念にすぎず、フランクフルト学派が社会を破壊する元凶のように論じられるが、それは正しくない。保守派による一種の陰謀論であるというのである。

しかしいま米国で進行している事態は、間違いなく、この文化マルクス主義の理論そのもの、、ものである。なぜなら、ジェンダー、人種、民族における少数派、加えてLGBTなどの弱者の権利をポリコレを盾に過剰に擁護、尊重し、異論を封殺して、多数派との間に緊張状態や対立を煽り、米国社会を不安定化させているからだ。

最も象徴的なのは、2020年に全米に広がり、その後、世界的なムーブメントとなった、ブラック・ライブズ・マターの運動である。このBLM現象については3章で詳しく論じるが、**これは単なる善意から発せられる人種差別撤廃運動のスローガンなどではない。**

アメリカ人の心から「キリスト教」を追い出せ！

それにしても、民主主義の総本山である米国で、なぜこのような左翼思想が浸透したのだろうか。そこには、ナチスから追われたフランクフルト学派の学者たちを米国が受け容れた事実がある。

「米国に亡命したホルクハイマーやマルクーゼにとって、米国社会は彼らの理論を実践するためのまたとない主戦場に映りました。米国は、ただでさえ白人と黒人が対立している、人種差別的で抑圧的な社会である。ここにちょっと火種《ひだね》を投げ込めば、たちまち燃え上がるだろうと考えたのでしょう。米国は彼らを受け容れたのに、彼らは感謝をするどころか、米国社会はナチス・ドイツよりひどいと思っていたのではないでしょうか」

モーガン准教授はそう解説する。ホルクハイマーやマルクーゼらは、コロンビア大学を始めとした米国の有名大学から招聘《しょうへい》を受け、その大学の教授のポストを得、多くの弟子を輩出した。そうした弟子たちが、フランクフルト学派の理論を学生たちに伝授していったのである。

保守系日刊紙「世界日報」の編集委員、早川俊行《はやかわとしゆき》氏は、2004年末から2017年までアメリカに滞在し、ブッシュ政権からオバマ、トランプ政権に引き継がれたアメリカの政治社会状況をつぶさに取材。左翼に乗っ取られた米国の現状を2021年、「バイデンのアメリカ」と題して連載した。既存マスコミが決して報じないその内容は、読者を驚かせた。

その早川氏は、こうした革命思想は何世代にもわたって、徐々に米国社会を侵食してきたのだと語る。

「米国にはもともと、アメリカ共産党など労働者による革命をめざしたマルキストたちがいましたが、そこにフランクフルト学派の学者たちが入って来て、文化的側面からのアプローチを数世代にわたって粘り強く行った結果、今日のようなポリコレが蔓延した左翼全盛の米国ができあがってしまったのです。

米国社会のバックボーンはやはりキリスト教です。人々の精神的支柱であり、モラルの源です。このキリスト教の価値観を削《けず》り取って社会を弱体化させることこそ左翼にとって最大の目標であり、そこにフォーカスをしたのです。

これを彼らがどういう形でやってきたかというと、主に法廷闘争です。たとえば、米国の学校でお祈りをするというのは、以前はごく普通に行われていた。ところが、裁判で政教分離に違反するとして、学校でのそれは禁じられてしまった。突然学校から祈りが消えてしまったわけです。

とにかく米国の左翼は、公共の場に十字架などキリスト教的要素があると、いちいち文句をつけてこれを撤去させようとした。こうした法廷闘争の中心になったのが、ACLUという組織です。正式名称は『アメリカ自由人権協会』。左翼の法曹団体ですが、たとえば街頭にキリスト教的な要素があると、政教分離違反として訴訟を起こして撤去させます。

真っ先にやり玉に挙がったのは、やはり『メリークリスマス』です。これは別にイスラム教徒から抗議の声が上がったというわけではまったくない。要するに、左翼がクリスマスからキリスト教色を徹底的に排除したかったわけです。

こうして、キリスト教の文化や価値観が削り取られていった結果、アメリカ社会は世俗化し、モラルがなくなり、リベラル化に拍車がかかったのです」

さらにそこにＬＧＢＴ運動が加わって、左翼の勢いはさらに増したと早川氏は言う。

「旧約聖書では、神は人間をアダムとイブに、つまり男女を分けて作られたとある。これは、以来２０００年に及ぶ道徳の基盤だった。それが突如、人間の性は男性と女性の２種類だけではない、性は多様だなどといわれるようになり、それに反対すると差別だ偏見だと見られるようになった。**これはすさまじい価値観の大転換ですよ**」

前述したように、マルクス主義者にしろ、文化マルクス主義者にしろ、彼らの重要な目標のひとつは家庭の破壊である。社会の最小単位である家庭は本質的に家父長主義で保守的であるから、これを揺さぶり破壊することで、共産革命により近づくというのである。

「マルクス主義者は、家庭破壊に利用できるものは何でも使おうとしますが、まさに同性婚以上にうってつけのツールはないでしょう。なぜなら、同性同士の結婚では子供ができない。子孫ができないから家庭が途切れてしまう。これ以上効果的な運動はないからです。

ただ、マルクス主義者がLGBT運動を始めたわけではなく、LGBT運動における家庭破壊のパワーのすごさに目を見張ったマルクス主義者がこれを利用したということでしょう」

そして早川氏は、ポリコレの欺瞞性《ぎまんせい》を痛烈に批判する。

「ポリコレは、日本語で「政治的公平性」とか「政治的妥当性」と訳しますが、事実は中立でも公平でもない。結局、**左翼の価値観にそぐわない意見を封じ込める思想警察であり、言葉狩りそのものです。**正しくないことに、「コレクトネス」という言葉を当てはめるのは、完全な偽善だと思います」（早川氏）

前述のとおり、ブッシュ元（父）大統領は91年3月、ミシガン大学での講演で、ポリコレの弊害をジョージ・オーウェルの名作『1984年』になぞらえて批判したと書いた。この『1984年』の中に、未来社会で使われる人工的な言語「ニュースピーク（New Speak）」について語られる場面が出てくる。

早川氏は、現代の度を越した言葉狩りが、まさにこの「ニュースピーク」に他ならないと言う。

「主人公・ウィンストンには、サイムという言語学者の友人がいます。彼は、『ニュースピーク』と呼ばれる新たな言語体系の辞典編纂《へんさん》に携《たずさ》わっており、語彙《ごい》を徐々に減らす意義をウィンストンに熱っぽく語ります。

『ニュースピークの目的は思考の範囲を狭めることにあるんだ。最終的には〈思考犯罪〉が文字通り不可能になるはずだ。何しろ思考を表現する言葉がなくなるわけだから』

サイムはそのうえで、『言語が完璧なものになったときこそが〈革命〉の完成』と言い切るのです。

ディズニーランドが使用をやめた紳士・淑女・少年・少女、さらに父、母、息子、娘といった性別を表す言葉がなくなれば、いずれ男女という性別の概念そのものがなくなっていく。最終的に人々の思考までも変えてしまうことが、ポリコレを推し進めるリベラル勢力の目的なのです」

ディストピア社会は、アメリカにこそあるということか。

2章

日本のポリコレは、「反日・日本人」養成所

正義なきメディアが「内心の自由」に踏み込み、断罪する恐ろしさ

事実を歪めた「切り取り報道」から始まった「森辞《や》めろ!」の大合唱

ポリコレがもたらす偽善と独善、不寛容は、アメリカ社会だけでなく欧米先進国をも飲み込もうとしているが、このわが国も例外ではない。その悪影響はシロアリのようにじわじわと日本社会の根幹を蝕みつつある。

それを象徴するのが、2021年2月に起きた、いわゆる「森喜朗《もりよしろう》・元総理(当時は東京オリンピック・パラリンピック組織委員会委員長)の女性蔑視発言」とされる問題である。

時が経ち、無事に2020東京オリパラも開催され、すでに旧聞に属する出来事となったが、ほとぼりが冷《さ》めた今だからこそ思う。

あの「森辞めろ」の大合唱は一体何だったのかと。

正直、あの程度のことでなぜマスコミや世論はいきり立ち、寄ってたかって連日連夜、83歳のがん闘病中でもある老人を吊るし上げたのか。

今、改めて当時の新聞記事を検索してみると、森バッシング一色に染め抜かれた紙面は異様としか思えず、不寛容の極みである。

特にひどいのは、やはり朝日新聞だ。「女性差別発言　森会長の辞任を求める」と題した2月5日の社説は、「五輪の開催に決定的なマイナスイメージを植え付ける暴言・妄言」

「耳を疑う見解」「ゆがんだ考えを持つトップ」「世界に恥をふりまく」「女性理事ひいては女性全般を侮辱した」「責任は極めて重い」等々、事情を知らない読者が読んだら、いったいどんな極悪人《ごくあくにん》かと思うだろう。

しかし、遡《さかのぼ》って、おそらく第一報だと思われる2月3日の共同通信のニュースには、その後の大騒動を予感させるような非難のトーンはほとんどない。一部を引用する。

〈森会長「女性入ると時間かかる」――またも問題発言、JOC会議で

東京五輪・パラリンピック組織委員会の森喜朗会長は3日、日本オリンピック委員会（JOC）の臨時評議員会に出席し、JOCが女性理事を増やしていく方針を掲げていることに関連して「女性がたくさん入っている理事会は時間がかかる」と発言した。

森氏は自身がかつて会長を務めた日本ラグビー協会で議事進行に時間がかかったと指摘。「（女性理事は）誰か一人が手を挙げて言われると、自分も言わないといけないと思うんでしょうね。みんな発言される」と語った。JOCは女性理事の割合を40％にすることを目標にしているが、約20％にとどまっている。

一方、組織委の女性理事については「競技団体のご出身で、国際的に大きな場所を踏んでおられる方々ばかり。的を射たご発信をされて非常にわれわれも役立っている」とも述

べた。組織委には現在、理事35人中、女性は7人いる。〈後略〉

「またも問題発言」とあるのは、省略したこの記事の後半部分に記述があるのだが、森氏が開幕まで半年を切った段階で、五輪・パラリンピックについては「どんなことがあってもやる」と明言したことを問題視しているのである。

　コロナ禍で疲弊している国民を顧《かえり》みず、オリ・パラ実施を至上命題にしているかのような発言だが、これも実は切り取られた発言だ。森氏は、オリ・パラを目指して日夜血のにじむような練習に励んでいる選手たちを慮《おもんぱか》り、「アスリートファーストでオリ・パラを実現させたい」との趣旨で発言していたにすぎない。ある意味、森氏が日頃からいかにマスコミに、〝失言を期待〟されているか、わかるというもの。

　今回の事件がきっかけで、私は森氏の過去の〝失言〟を調べてみたが、**ほとんどが、マスメディアによる悪質な印象操作だった**ことがわかり、逆に驚いた。

　それはさておき、共同通信の第一報を受けて、朝日、毎日など各紙も森発言を報じたのだが、この時点でも、発言を「女性蔑視」とか「女性差別」であると言い切った新聞はなかった。

海外報道の「お墨《すみ》つき」を得て、一斉攻撃開始

流れが変わったのは、3日の「ニューヨークタイムズ」（電子版）、「ワシントンポスト」（電子版）などの海外メディアが、森氏の発言を、女性を蔑視するものだとして批判的に取り上げてからだ。「ニューヨークタイムズ」は、「東京五輪トップ、会議への女性の参加制限を示唆《しさ》」の見出しで記事を掲載、「1年延期による追加経費の問題と国内世論の猛反発にあう中、女性が会議でしゃべりすぎるとトップが示唆したことで、新たな騒ぎに直面した」としたうえで、「女性差別以外の何ものでもない」というツイッター上の声を紹介した。

ロイター通信とAFP通信は「性差別主義者《セクシスト》」と断じ、森氏の発言中、評議員の間から笑い声が漏れたことも紹介した。

不思議なのは、海外メディアの反応の早さである。ひところ、歴史問題や靖国神社参拝問題で、「日本はこんなにひどい」と外国政府や国連、メディアに通報する〝ご注進メディア〟が話題になったが、今回もこれが暗躍したのかもしれない。

ともかく、これら海外メディアの報道がフィードバックされると、日本の主要メディアは、一斉に右へ倣《なら》えで、「女性蔑視発言」「女性差別発言」と騒ぎ出すようになった。

以後、森氏へのバッシングはエスカレートする一方で、さすがに耐えかねた森氏は、2

月4日に会見を開き、反差別や男女平等をめざす五輪の精神に反する発言だったと謝罪、発言を撤回した。しかし会長職の辞任は否定した。ところが、その後の記者からの質問に森氏はいら立ちを見せ、それがまた、「反省していない」「逆ギレ会見だ」と不興を買って、火に油を注ぐ結果となった。

だが、この記者会見での記者たちの態度は噴飯ものだった。自分たちは国民の代表だとでも勘違いしていたのだろう、安っぽい正義感を剝《む》き出しにして居丈高《いたけだか》に森氏に詰め寄り、「オリンピック精神に反する。そういう方が組織委の会長に適任なのか」「大会のトップとして今後、国内や世界にどう説明するか」「自身が責任を取らないことが、開催への批判を強めないか」等々、終始、糾弾口調で質問している。

集中砲火を浴びたご本人ならずとも、見ているこちらも心底不快になるやり取りだった。結局、この謝罪会見の後も辞任を要求する声は高まるばかりで、2021年2月12日、森氏はついに辞任を表明した。

左の拙文は、まだ森会長辞任の余波が続いていた2月19日に、産経系のオピニオンサイト「IRONNA」に掲載されたものである。タイトルは編集部がつけたもの。わずかに加筆訂正をしている。なお、IRONNAは現在終了している。

〈森喜朗叩きは言葉狩り、多様性尊重派は自己矛盾に気づいているか

東京五輪・パラリンピック大会組織委員会の森喜朗会長が放った「女性蔑視」発言の波紋は、森氏が辞任表明した後もなお広がり続けている。そのバッシングのすごさたるや、コロナウイルスの脅威さえかすんでしまうほどだ。

テレビを見ても新聞、雑誌を読んでも、森氏への批判、非難、糾弾で溢《あふ》れている。マスコミは、芸人やタレント、スポーツ選手に手当たり次第にマイクを突きつけては発言の感想を求めている。

さらに、オリンピックのスポンサー企業に片っ端から取材し、批判コメントを次々に引き出すことまでしている。

ご苦労様なことだがこれではまるで踏み絵だ。そこには異論や反論はどこにもない。中にはこの騒ぎに便乗して、「(森氏を)座敷牢に入れろ!」「本人が粗大ゴミで掃いてくれればいいと言っているのだから、私が粗大ごみシールを買ってきて、背中に貼ってあげる」などと発言する有名人もいる。

悪乗りも大概にしろと言いたいが、彼らにとっておそらく「差別者」とは犯罪者よりも罪が重いのだ。「完膚なきまでに叩きのめして何が悪い。それが正義だ」とでも思ってい

るのだろう。

森氏が発言したのは2月3日、日本オリンピック委員会の臨時評議員会の席上である。

マスコミは、森氏の40分の発言の内、「女性がたくさん入っている理事会の会議は、時間がかかります」「女性っていうのは競争意識が強い。誰か一人が手を上げて言うと、自分も言わなきゃいけないと思うんでしょうね。それでみんな発言されるんです」というあたりを最も問題視しているようだ。

だがネットでは、この発言は切り取られているとして、「全文を読もう」と呼びかける声が多い。しかし、彼の長い発言全部を正確に再現した文章はないのではないか。各メディアが掲載したのは要旨である。したがってそれぞれ微妙にニュアンスが異なっている。

ともかく朝日新聞が小さく掲載した要旨を読んでみたが、まず、女性を一括《ひとくく》りにして語るのがいけないようだ。いまでは普通の会話の中でさえ、「女性はこうである」といった属性に基づく決めつけをしてはならないというのが、ジェンダー平等を実現するための「常識」のようである。

しかしこれ、男性だけが守らなければならないことなのか。公の場で誰憚《はばか》ることなく、「男って」「おっさんって」と一括りにして揶揄《やゆ》したり笑い飛ばしたりする女性はたくさんいる。男性の側からすればこれも偏見、差別だが、特にお咎《とが》めなしである。

肝心のその中身だが、「女性が入っている会議は時間がかかる」というのははたして女性蔑視になるのか？

意識の高いフェミニストから叱られそうだが、私はただ、「それだったら、40分も話している森さんも話が長いでしょ」と突っ込みたくなっただけである。反面、「女の話は確かに長い。森さんは事実を言っただけ」と肯定する女性も多い。実際、「なぜ、女の会議は長いのか？」をテーマの一つにした女性作家の著作もある。

次の「女性っていうのは競争心が強い。誰か一人が手を上げて言うと〜」の発言は、これだけ聞くとネガティブな印象だが、他のメディアが公開したものには、「女性っていうのは**優れているところですが**、競争意識が強い」となっている。

「優れている〜」を朝日新聞が意図的に省いたなら質《たち》の悪い印象操作だ。この言葉一つで発言のニュアンスががらっと変わるからだ。

むしろ私が気になったのは、「女性の数を増やしていく場合は、発言の時間をある程度、規制を促していかないとなかなか終わらないので困ると言っておられた」の部分である。

ここの部分は森氏自身ではなく誰かの発言のようだが、伝聞にせよ、「規制」という言葉を使うのは不適切ではないか。女性だけに「規制」を求めるのは、確かに差別と受け取られかねない。

　ところが、この朝日新聞の要約を読み通すと、最後の部分で組織委員会の女性委員たちのことを褒《ほ》め、「欠員があるとすぐ女性を選ぼうということにしているわけであります」と締めくくっている。

　つまり、伝聞の内容を最後の部分で否定して、「いやそういう声があっても女性を進んで登用しますよ」と結んでいるのであり、ここに彼の真意がある。反語表現など珍しくない。これのどこが女性蔑視なのか。

　ところが追及の急先鋒である朝日新聞や毎日新聞、テレビは、結びを意図的に無視して、その前の反語部分だけを執拗に攻撃している。まさしく曲解であり「切り取り」だ。

　新聞社の記者に私は聞きたいのだが、記者だって自分の書いた記事に難癖をつけられることがあるはずだ。そんな時、「いや全文を最後まで読んでください」「最後に私の言わんとしていることが書いてある」などと弁明しないだろうか。ところが、その彼らが森氏に対しては一切弁明を許さない。

　全体として女性をリスペクトしており、蔑視したり差別する意図や悪意は感じられない。むしろ、発言を撤回して謝罪した人をここまで追い込むことの方が異常だ。

　はっきり言うが、特にどうということもない部分を取り上げて言葉狩りをすることがマスコミの仕事なのか。

同様に感じている女性は少なくないが、マスコミは全く取り上げない。勝手に差別認定した後は、両論併記の原則さえ捨てるようだ。

そもそも私が今回の事件にこだわるのには理由がある。私は過去に2度、差別を理由にメディアリンチが起きた事件に遭遇している。

1度目は、2004年、福岡《ふくおか》市で起きた、いわゆる「いじめ教師事件」である。同市内の小学校で教鞭をとる男性教師が、9歳の男児にいじめや体罰を繰り返したとして、「週刊文春」に、「史上最悪の殺人教師」と書き立てられた。当時、新潮社の月刊誌「新潮45」に寄稿していた私は、編集者から文春の記事の後追いを依頼され、福岡に向かった。

すでに地元マスコミの報道は過熱していたが、「週刊文春」の記事は火に油を注ぐ結果となり、教師へのバッシングはピークに達していた。

ところが、当の教師を始め関係者を取材して判明したのは、教師が男児に行ったとされるいじめや体罰は事実無根であり、全くの冤罪《えんざい》であるということだ。なぜここまでマスコミが暴走したのかと言えば、この男児はアメリカ人との混血で、それを知った教師が人種差別からいじめや体罰を行ったとされたからである。

「人種差別」と「いじめ」に過剰反応した記者たちは、男児の母親の虚言を全く疑わなかった。結局、アメリカ人との混血というのもウソだったのである。最終的に冤罪が晴れるまでの間、私は教諭の苦悩を間近に見てきたが、寄ってたかって一人の人間を吊るし上げる怖さを身にしみて感じた。

もう一つは、このいじめ教師事件のルポを載せた「新潮45」を巡る「LGBT差別」事件である。

2018年、同誌に自民党代議士の杉田水脈《すぎたみお》氏が、『LGBT』支援の度が過ぎる」と題する論文を寄稿した。その中に、「LGBTのカップルのために税金を使うことに賛同が得られるものでしょうか。彼ら彼女らは子供を作らない。つまり『生産性』がないのです」という文章があり、これが、猛バッシングを浴びた。

杉田氏は、**欧米の過激なLGBT差別撤廃運動が無批判にわが国に上陸したことに懸念を持っていた。**そもそも**日本では同性愛者が迫害された歴史はなく、状況が異なっていたからだ。**

そこで、いささか辛口のLGBT批評を載せたのだが、「生産性」という言葉にマスコミや野党政治家が激しく反応。LGBT当事者も杉田氏と同誌の責任を追及し、世間は批判一色になった。

ところが実際は、当事者の中にも異論や反論が多数あり、「新潮45」を擁護する声も少なくなかったのである（私は後に詳細に取材している）。ところが、**そうした声を新聞やテレビは黙殺した。**今回と全く同じパターンである。

結局、同誌は廃刊となったが、私は、誰もが抗《あらが》えない「差別反対」の言葉に、人々や組織がいかに委縮してしまうかを思い知った。と同時に、気に入らない人や組織を追い落とすツールとしてこの4文字が非常に有効であることも理解した。今回の森氏への異常ともいえる攻撃にも、私は同様の臭いを感じている。

私は、日本にも女性差別がいまだ存在することを否定しない。男尊女卑の気風も残っているとは思う。

しかし、欧米由来のゆきすぎたポリティカル・コレクトネスや、過激で排他的なフェミニズムの手法には疑問を持つ。普通の常識で考えて特に問題とも思えないことを、ことさら「差別だ、セクハラだ」と攻撃して相手を強引にねじ伏せる風潮に危ういものを感じる。

アメリカ人の芸人、厚切りジェイソン氏は、TBSのワイドショーに出演し、こう証言している。

「（森さん発言に）海外はけっこう怒っている。特にアメリカは敏感。失言一つで仕事ができなくなるシビアな状況だから」。

恐ろしいではないか。

２０１７年以降、ハリウッドの女優たちを中心に世界中に広がった#MeToo運動というのがある。過去のセクハラ被害を告発する運動で、何人もの男性が、何十年も前のセクハラ疑惑で糾弾され、その多くは一切の弁明も許されず、正式な裁判を受ける前に社会的に抹殺された。

この事態に、「このような正義はリンチにつながる」と、次第に運動の行き過ぎを批判する声が上がるようになった。驚くべきことに、運動の中心にいた女優が、過去、共演者の若い男優にレイプまがいの被害を与えていたことも判明。一方的に糾弾された男性たちも告訴に立ち上がるなど、泥仕合の様相を呈している。

森氏の発言で、「日本は外国に恥をさらした」「わが国はジェンダー後進国であることが分かった」などと言う人が多い。

しかし、ジェンダー先進国のアメリカで吹き荒れているのは、中世の魔女狩りや人民裁判まがいの人権侵害である。森氏へのメディアリンチ、吊るし上げとも思える今回の騒ぎには既に色濃くこの影響が現れている。

いやこれが欧米の常識だ、世界の趨勢《すうせい》だと言われても私は納得できない。異端審問官が闊歩《かっぽ》するような社会は御免である。

そもそも、ジェンダーを巡るこのトレンドが普遍的なものかどうかわからない。少し時代が下って顧《かえり》みた時、あれは行き過ぎだった、間違っていたと否定的に捉えられる思想や価値観はいくらでもある。その代表格が共産主義だろう。

ラグビーワールドカップの日本招致、台湾の李登輝《りとうき》元総裁の葬儀への参加など、森氏には、内外に大きな功績がある。

その森氏に対し、「日本の古い男尊女卑の価値観が染みついていて、多様性を理解せずもはや矯正不能だ」との声がある。しかし**多様性とは、本来そうした異なる価値観の人々をも包摂し、その寛容の精神で共存することではないのか。一方的に差別者の烙印を押し、糾弾し、社会的に葬り去ることが多様性なのだろうか。**

だが森氏を口汚く罵《ののし》る人たちは、差別者は別だ。異なる価値観の範疇にも入らない、共存などできるわけがないと言うだろう。事実、ある社会派ブロガーと称する女性はツイッター上で、「このクラスの男性たちは、中国共産党がやっていたような再教育キャンプに入れたほうがいい」と発言した。

自分は間違っても「差別者」の側には立たない。そう信じている人は多いだろう。しかし、実はいとも簡単に〝そちら側〟に転ぶ危険がある。

故・筑紫哲也《ちくしてつや》氏と言えば、リベラル派に今も人気の高い著名なニュースキャスターだったが、その彼が一時、「差別者」とされていた事実をご存じか。

1989年、彼は、自身の名を冠したTBSのニュース番組の中で、比喩《ひゆ》のつもりでたった1回、「屠殺場」という言葉を使ってしまった。翌日、彼は直ぐに同番組の中で謝罪したのだが、一部の屠場労組から抗議があり、部落解放同盟も加わってその後、9回にも及んだ「糾弾会」に出席を余儀なくされた。

「糾弾会」とはどのような場か。

大勢が一人の人間を取り囲んですさまじい怒号を浴びせ、言葉でも徹底的に追い込んでいく。それが長時間行われる。その修羅場《しゅらば》に、過去、筑紫氏だけでなく有名無名多くの人が引き出された。その大半が、とても差別とは言えないほんのちょっとした言葉尻を捕まえられて、部落解放同盟に「差別者」認定されてしまったのである。

こうした糾弾が社会に何をもたらしたかと言うと、「同和は怖い」「係わりたくない」という忌避感と新たな差別感情であった。

先ほどアメリカの過激なフェミニズム運動について触れたが、そのアメリカでも似たような現象が起きている。企業の男性管理職の多くが、トラブルを恐れて女性を避ける傾向にあるというのである。

問答無用の徹底的な糾弾は、双方に不幸な結果しか生まない。ちなみに、現在の部落解放同盟の「糾弾」に昔日《せきじつ》の勢いはないそうである。

森氏が2月12日に会長職の辞任を表明した後、後継指名を受けた川淵三郎《かわぶちさぶろう》・元日本サッカー協会会長も結局辞退、2月17日現在、まだ新会長は選出されていない。

しかしこの混迷を招いた責任は森氏だけにあるのか。私には、森氏を「差別者」と決めつけて世の中を扇動したマスコミや、その御輿《みこし》に乗った一般の人々にも多くの責任があると考えている。

女性の一人として私は、森氏から差別を受けたとは思っていない〉

キャンセル・カルチャーと不寛容

私はこの拙稿で、森氏の事件は明らかに、米国のポリコレや#MeToo運動の影響を受けていると書いた。加えて、森氏への辞任要求のすさまじさは、いま米国で横行するキャンセル・カルチャーを思わせる。

キャンセル・カルチャーとは、著名人を始めとした特定の個人や組織の言動を過去にまで遡って徹底的に糾弾し、社会的地位や職業からの排除、講演の中止、不買運動、放送中の番組を中止させたりすることで、もともとポリコレから派生した運動といえる。

ＢＬＭ運動の過激化に伴う歴史的人物の銅像破壊も、これに当たる。意味としてはボイコットに近いかもしれない。

キャンセル・カルチャーの拡大は、まさにＳＮＳの発達なしにはありえなかったろう。誰でも、ハッシュタグやリツィート機能を使えば簡単にこの運動に参加できるからだが、この容易さ、気軽さはしばしば暴走を生む。批判する側が一方的な正義感や倫理観を振りかざすあまり、対象に対する攻撃性や不寛容に歯止めがかからなくなる恐れがあるからだ。

前出した麗澤大学准教授のジェイソン・モーガン氏も、森氏の辞任劇ははっきり、キャンセル・カルチャーであると言う。

「寛容のなさがキャンセル・カルチャーの特徴です。森氏の発言に不適切な要素があったことは確かですが、それに対する反応は度を超えていました」

度を越えた不寛容の理由は、元をたどれば、やはりマルクーゼの理論であるとモーガン氏は語る。1章で述べたが、敵（保守派）に対しては徹底的に不寛容であれ、迫害せよと説くマルクーゼの思想が、現在のキャンセル・カルチャーに受け継がれているという。

そこで私が目を留めたのが、「森喜朗会長の処遇の検討および再発防止を求めます」と題して、オンライン上で署名活動を行った若い女性たちのグループである。呼びかけ人の一人である慶応大学生がマスメディアの取材に応じるなど注目を浴び、署名も、11日間で15万筆以上の賛同を集めたという。

ちなみに賛同人には、坂本龍一《さかもとりゅういち》、小島慶子《こじまけいこ》、上野千鶴子《うえのちづこ》、水原希子《みずはらきこ》など有名人の名前がある。

このグループがオンライン上に発表した、署名を募る文書にはこうある。一部を引用する。

『『女性』を一括りにして会議のあり方について述べることは明確な偏見です。また同じような状況に置かれている女性を始めとしたさまざまな立場の方をも萎縮させる可能性があります。これは、『すべての個人はいかなる種類の差別も受けることはない』というオリンピックやパラリンピックの精神にも反しています」

「森会長は自身の発言を謝罪・撤回されましたが、真に『差別』だと指摘されている原因を理解している・理解しようとしているようには見えず、このような偏見を持つ方が会長職を継続するのは不適切ではないでしょうか」

そして、JOC、大会組織委員会に向けて、

「差別発言に対するゼロトレランスポリシー（一切寛容しないことを示す）などの指針を通

した具体的な再発防止策の実施を求めます」

と宣言している。

いやはや何度でも言うが、森氏のあの程度の発言に対して「ゼロトレランス」とは、まさに不寛容の極みだ。若い彼女たちはマルクーゼなど知らないのだろうが、今日のキャンセル・カルチャーの源がマルクーゼにありと証明しているような文書である。

保守派には徹底して不寛容にせよという彼の教えを、彼女たちは知らず知らずのうちに実践しているのである。

しかし私は思うのだが、女性差別の問題に関わるなら、例えばアフリカの女性たちを苦しめる割礼《かつれい》（女性器切除を含む）、中国のウイグル族女性へのレイプや、想像を絶するほどの人権弾圧、タリバンによる支配が再開されたアフガニスタンでの女子教育や女子の就労の危機など、海外のことではあるが、直接に女性たちの生存にかかわる待ったなしの問題にこそ、声を挙《あ》げるべきではないのか。そしてそこにこそ、徹底的に「ゼロトレランスポリシー」を掲げればいい。

こうした女性たちの深刻な危機に比べれば、森氏の〝差別発言〟など、全く取るに足らない。彼女たちはなぜこれほど森氏の発言に拘《こだわ》るのか？

「他人の内心」にまで踏み込み、断罪する恐ろしさ

寛容と不寛容の問題について、もう少し掘り下げて考えてみたい。

寛容とは、なにびとをも優しく包み込む広い愛の心、というような「100%良い意味の言葉」ではない。自分と異なる意見や価値観があったとして、賛成はできないが、頭からこれを拒絶せず、まあ許容しましょうと努める姿勢のことだ。

今回の件に言及した誰かのブログに、「森氏はおそらく、自分ではそんなに悪いことを言ったという自覚はないだろう。しかし彼には無意識の差別がある、内なる差別感が存在するから、こちらの方を問題にすべきである」というようなことが書いてあった。

これは恐ろしい主張である。

先ほど私はポリコレの特徴として、表面的な言葉の言い替えに終始することで、むしろ本質的な問題を覆《おお》い隠してしまう欠点がある。つまり**ポリコレは、本音を隠して偽善的にふるまうことを強《し》いるのだ、と書いた。**もちろんこれはこれで問題なのだが、だからといって、「あなたは口で立派なことを言っているが、心の中は差別と偏見にまみれている」などと、その内面まで立ち入って問い詰めることは、非常に不寛容なふるまいである。

無意識であっても意識的であっても、何らかの偏見や悪意は誰の心の中にも潜んでいる。

それを暴き、必要以上に追及することは、誰もが持っている内心の自由の領域を侵《おか》すことになってしまう。

署名活動を行った女性グループの宣言の一部をもう一度引用する。

「森会長は自身の発言を謝罪・撤回されましたが、真に『差別』だと指摘されている原因を理解している・理解しようとしているようには見えず、このような偏見を持つ方が会長職を継続するのは不適切ではないでしょうか」

公人が公式の場で発言したことに対して、厳しい目を向けられるのは当然である。しかし、その発言について公式の場で謝罪し、自身の発言を撤回したにもかかわらず、彼女たちは、森会長の内面まで踏み込んで「偏見を持っているに違いないから辞任しろ」と迫っているのである。

謝罪しても決して許さない。それどころか本心は違うだろうと責める。粘着質のストーカーのような不寛容が、文字通り社会全体を蝕んでいる。

「女性差別社会」の幸福な女たち

アジアの女性はいまだ男尊女卑的な社会の気風のもとで、差別と偏見に苦しんでいる。

欧米では、アジアの女というものに対して、上から目線のこうしたステレオタイプ的な見方が根強い。森氏の〝女性蔑視発言〟が世界に発信されてからは、なおいっそう、〝かわいそうなアジアの女たち〟というイメージが拡散されてしまった。

結局これも偏見の一種だが、日本女性に限るとそうしたイメージは実は虚構《きょこう》である。

なるほど、よく引き合いに出される世界経済フォーラムの「ジェンダーギャップ（男女格差）指数」によれば、毎回日本は3ケタ台の順位に沈んでいる。2021年3月に発表された最新データでは156カ国中120位、前回、2019年12月に発表されたデータでは、153か国中121位だった。

2019年のデータでみると、121位の日本は、先進国でぶっちぎりの最下位である。他の主要7カ国首脳会議（G7）諸国は、ドイツ10位、フランス15位、カナダ19位、英国21位、米国53位、イタリア76位だった。そればかりか、人権問題でたびたび批判されている中国は106位、プーチン政権の強権体質が問題となっているロシアでさえ81位で、日本は、さらにこれら2国の後塵《こうじん》を拝する始末である。

日本のマスメディアは、毎回この〝不名誉な数字〟を好んで取り上げる。

わが国が、いかに男性優位社会で女性が差別されているかを強調するにはもってこいのデータだからだろう。ただ、よく取り上げられる割には、どういった性格のランキングで、そもそもどれほど信頼性があるのか、詳しく解説した記事は意外に少ない。

「ジェンダーギャップ指数」とは、スイス・ジュネーブに本拠を置く非営利財団「世界経済フォーラム（ＷＥＦ）」が、政治、経済、教育、健康の4分野について、男女の間にどれくらいの格差があるかを数値化して発表しているものである。

「世界経済フォーラム」とは、いわゆる「ダボス会議」で知られる財団だ。

実は世界には他にも、「国連開発計画」（ＵＮＤＰ）の「ジェンダー不平等指数」など、さまざまなランキングがある。その中でこの「ジェンダーギャップ指数」は、女性が意思決定にどれくらい参画しているかが反映されやすい特徴がある。

わが国には、女性の国会議員や閣僚がわずかしかおらず、むろん女性の首相もいない。民間企業にも女性の経営者や管理職が少ないので、意思決定の場に女性が少ないということになり、それが理由で、日本の順位がかなり低くなってしまうのだ。

だが、この「ジェンダーギャップ指数」の結果をもって、日本は女性の地位が絶望的に低いとは言い切れない。他のランキングでは全く違った結果が出ているのである。

先ほど挙げた「国連開発計画」（ＵＮＤＰ）の２０２０年版の「ジェンダー不平等指数」では、意外なことにわが国は、１６２カ国中24位である。遅れた女性差別社会どころか、男女平等がかなりの程度実現されている先進社会ということになるが、なぜかこちらの指数の結果が日本のマスコミで報じられることはめったにない。

そもそも、両指数の順位になぜこれほどの差が出るのだろうか。

統計学者で、自ら、統計探偵、統計データ分析家を名乗る本川裕《ほんかわゆたか》氏は、2021年4月7日のプレジデントオンラインに、「世界120位『女性がひどく差別される国・日本』で、男より女の幸福度が高いというアイロニー」という一文を寄稿している。

それによると、二つの指数に大きな差が出るのは、「背景に指標の取り方の違いがある」からだという。

世界経済フォーラムの『ジェンダーギャップ指数』では、前述したように、大臣の男女比率や管理職比率など政治・経済分野のウエイトが高い。

それに対して国連開発計画の『ジェンダー不平等指数』は、女性が安全に出産できる環境が整っているかを重視しており、『妊産婦死亡率』や『未成年出生率』などの指標が入っている。世界経済フォーラムにはこれがない代わり、『新生児の男女比率』と『健康寿命の男女差』を健康分野の指標としているのである。

こうした特徴について、本川氏は次のように説明する。

「この手のランキングは、構成する複数の指標を加重平均して作成される総合指標によっており、指標の選択やウエイトづけは作成者の考えによっているので、結果も恣意的《しいてき》になりがちである」

「はなから構成指標の妥当性などが議論されることはなく、もっぱら日本は女性差別のヒドイ国だと主張したい場合の絶好のデータという観点だけで世界経済フォーラムの『総合ランキング』が引用されているように感じられなくもない」

本川氏は、この「ジェンダーギャップ指数」の問題点を指摘しただけではない。タイトルにあるように、**これだけ女性が差別されている（とされる）わが国で、実は、女性の方が男性よりはるかに幸福度が高いという調査結果を「発見」している。**

「世界価値観調査」というものがある。世界各国の人々の社会文化的、道徳的、宗教的、政治的価値観を調査するために行われている国際的プロジェクトで、ほぼ5年おきに実施される。この調査の中に、各国の幸福度（幸せと回答した者の比率）を測るデータがあるのだが、日本の場合、男女合計では、1981年、1990年には77％程度だったが、2000年～2019年には、86～88％に上昇した。全体的にかなり高い数字だが、この間、男性の幸福度が女性のそれを上回ったことは一度もない。

その男女差は、1981年から2019年まで多少の増減はあるが、平均するとおおよそ6・2ポイントである。

幸福度の男女差に、ここまで大きな開きがある国は他にほとんど見当たらない。

「女性差別社会の幸福な女たち」とでも言えそうだが、なぜこうしたパラドックスが生まれるのか、本川氏は次のような主旨の推論を述べる。

相続や選挙権などの男女平等が戦後実現し、かつての儒教道徳からも女性たちがかなり解放されたのに対し、男性は依然として、男は一家の大黒柱であり、か弱い女性を守らなければならないといった古い価値観と家長としての責任感に縛られているため、なかなか幸福感を感じられないのではないか、と。

これに、女性である私が付け加えるとすれば、男性に比べて女性は、良くも悪くも人生の選択肢が多いからではないかと思う。

本川氏も指摘しているが、いまだに男の本分とは働いて妻子を養うことである。それ以外の正しい選択肢はあまりない。こんな鋳型《いがた》に嵌《は》められたような男の生き方に対して、女性の場合は、バリバリ働いても家族を養う義務からは解放されているし、専業主婦になる選択肢もある。専業主婦もまた立派な職業であるという価値観が根強いわが国では、夫を助け子供を育てることに、喜び、生き甲斐を感じる女性たちが多いのである。

これは決して悪いことではない。

とはいえ、昨年（2020年）からのコロナ禍で、経済的な後ろ盾《だて》がない女性の困窮化が深刻になり、自殺者も急増している。女性の幸福度もさすがに下がったのではないかと思うが、その自殺者にしても、事実として、やはり男性の方が約2倍多い。

弱き者、汝《なんじ》の名は「おっさん」なり

男だって生きづらい。男にだって弱者はいる。

そんな男性のぼやきが聞こえてきそうだが、フェミニズムの世界では、こうした男性弱者論を持ち出すことはタブーのようだ。男性を弱者に仕立て上げることは、歴史的に見て圧倒的に弱者であった女性たちの被害者性を埋没させてしまうという理屈からしい。

だからなのか、「女性の話が長い」と言っただけで男は袋叩きにされるのに、いまだに女性によるおっさんへの侮蔑、揶揄《やゆ》発言はなくならない。なくならないどころか、もてはやされている。男性の多くはこれに釈然としない思いを持っている。

私自身、先の拙文〈森喜朗叩きは言葉狩り、多様性尊重派は自己矛盾に気づいているか〉で、ちらっとおっさん差別について触れている。しかしこういうことを言うと、やはりフェミニズムサイドから突き上げを喰らう。私たち女性はこういうおっさんから歴史的に露骨な女性差別を受けてきた。それを今になって同列に扱ってくれというのは筋違いであると。

会社員として勤めながらインターネットでの言論活動を行っている文筆家の御田寺圭《みたでらけい》氏

には、読んでいて、はたと膝《ひざ》を叩くような鋭いフェミニズム批評がいくつもある。

その御田寺氏が、「なぜ『おっさん差別』だけが、この社会で喝采を浴びるのか」（現代ビジネス）という一文を書いているのを見つけて読んでみた。

タイトルを目にしただけでクスリと笑ってしまうのは、私自身もやっぱり、おっさん差別に加担しているからだろうか？

御田寺氏は、現代社会は差別を許さない社会であり、人を外見で判断してはいけない、属性で偏見を抱いてはいけないと声高に叫ばれているという。確かに森氏が叩かれたのは、女性という属性で一括りにして決めつけてはいけないというルールを逸脱したからだ。

しかしそれなら、「おっさん」という属性を一括りにしたバッシングも、本来的に差別以外のなにものでもないはずだが、それが顧《かえり》みられることはほとんどない。

結局人々は、「差別を許さない社会」がストレスフルであることを自覚しており、それによる疲れがある。

そこで、緩衝材（バッファ）として例外的に、「偏見を好きなだけ貼りつけても、差別主義者であると糾弾されない便利な存在」が求められた——それが「おっさん」だった。

つまり「おっさん」は、「差別を許さない社会」の中で、ガス抜きの役割を背負わされているというのだ。

女だって、なかなか変われない

御田寺氏はまた、別の論考で、医学部入試において「公平・公正」を謳《うた》いながら、女性と浪人生への差別が行われていたことにも言及している。

もちろんこの不公正は是正されるべきだが、男子の受験生に下駄をはかせたのは、日本の医療現場の現実を反映したものであるという。

どういうことか？　長時間労働、夜間対応、休日返上あたりまえのキツい診療科を、いくら優秀でもなかなか女性医師は選ばない傾向にある。そのため、医師の供給源である医科大学には、労働環境の厳しい診療科を進んで選択してくれる男性のほうを、より多く合格させておきたいという思惑《おもわく》があるのだ。

こうした事情に対して現場の医師からは、「男性医師の方が稼働に期待ができるから、男性優遇は仕方がない」という声が少なくない。これには女性医師の中にも、同意見がある。

結局、社会的においしい仕事を男どもが独占している、というような単純な男女差別の問題ではないということだ。

だが、ここで当然、女性の側から次のような反論が出る。

「女性には出産や育児があるのだから、ハードな診療科を選ばなくても仕方がない。労働条件については、男性医師よりも配慮されてしかるべき」

これに御田寺氏は、〝画期的な〟再反論をしている。

「ならば家庭にフルコミットしたいパートナーを選び、その人に育児や家事を任《まか》せる。という方法が浮上してもおかしくないはずだ。医師の経済力があれば、決して不可能なことではないだろう」と。

しかしこれが無理なのだ。御田寺氏自身がこう認めている。

「自分よりも収入や学歴が高い相手をパートナーにしたい」。裏を返せば「自分より格下の男とは付き合いたくない」という志向が女性に強く、エリート女性ならばなおさらエリートしか相手にしたくない。専業主夫願望の男なんか、間違っても選ばないからだ。

男女平等を叫びながら、結局女の側にも、容易に変えることのできない旧弊な価値観、というか根本的な矛盾がある。

ポリコレの追い風に乗って、フェミニストは男たちに対してやたらと、「古臭い意識を変えろ、時代遅れから脱却せよ」と尻を叩く。しかし本当は女の側こそ、ドラスティックな価値観の転換が必要なのではないか。

だがそれもなかなか難しい。なぜなら、メスが強いオスを求めるのは自然界の理《ことわり》だからである。人間の女だって、もちろんその例に漏れない。

子供を産み育てる性として、より強い遺伝子を獲得したいからだ。

女はそう簡単に変われないというなら、男もそう簡単に変われない。

男女の性差というものがどうして存在しているかといえば、お互いに足りないところを補完し合って一対になるからだ。

ポリコレは、今やこうした生物学的な違いまで無視して、性の存在しないのっぺらぼうな社会を作りたいようだ。

3章

BLM《ブラック・ライブズ・マター》の不都合な真実

蘇る「新左翼」
――「平和な顔をした暴力革命運動」に騙されるな！

G《ジョージ》・フロイドが「革命のための生贄《いけにえ》」になった日

2020年5月、COVID-19によるパンデミックが世界を覆い、米国でもすでに感染者169万人、死者10万人という未曾有の被害を出していたさなか、ミネソタ州の最大都市、ミネアポリスの路上で25日白昼、一人の黒人男性が息絶えた。

彼が警察官に押さえつけられ、死に至るまでの一部始終は、同行していた友人や通行人によって動画撮影され、ソーシャルメディアなどで世界中に拡散した。その瞬間から、彼はおそらく世界で最も有名なアメリカ人の一人となった。

当時46歳のジョージ・フロイドである。

複数の報道を総合すると、事件の経緯は次のとおりである。

死亡の数十分前、フロイドは近くの食料品店でタバコ1ケースを買おうとしたが、その際に使用した20ドル札を店員が偽札と疑い、警察に通報。駆けつけた3人の警官が車に乗ったフロイドを発見し、車から降りるよう命じたが、**フロイドは従わずに抵抗した。**

そのため警官は彼を力ずくで車外に連れ出すと手錠をかけ、地面にうつぶせに倒し、彼の頸部を約9分間膝で強く抑えつけた。フロイドは苦悶《くもん》の表情を浮かべ、「息ができない、助けてくれ」と何度も懇願したが、警官は頸部を圧迫し続け、結果、フロイドは意識を失い、死に至ったとされる。

なお、事件直後のCNNニュースなどは、「現場近くの防犯カメラに警察官とフロイドのやり取りが記録されていたが、フロイドが逮捕に抵抗する様子は映っていなかった」と報じた。しかし、その後ミネアポリス警察は、警察官が装着していたボディーカメラの映像を公開。そこには、車中のフロイドが警察官に激しく抵抗し、もみ合いになる様子が鮮明に映し出されていた。ちなみに、フロイドは身長2m近い大男で、8つの犯罪歴があり、4年ほど服役していた経験もある。監察医によれば、この日も直前にメタンフェタミン（覚醒剤の一種）を使用していたことがわかっている。

ともあれ、死に至るまでの数分間の痛ましい映像は、黒人たちのみならず、全米に大きなショックを与えた。と同時に、「またか」と思った人々は少なくなかった。

米国では以前から、黒人に対する警察官の過剰な暴力が問題視されていた。なかでも、取り締まりや逮捕の過程で黒人が容赦なく射殺される事件が頻発しているとされ、それが大きく報じられるたびに大規模な抗議活動や暴動が起きている。

BLM《ブラック・ライブズ・マター》の掛け声のもと、全米主要都市で暴動・略奪・放火事件に発展

この種の事件で、わが国でも大きく報じられ、われわれ日本人の記憶に今も残るのは、1991年3月にロサンゼルスで起きたロドニー・キング殴打事件ではないだろうか。

ロサンゼルス市内を友人2人とドライブしていた当時25歳のキングは、スピード違反の容疑で警察車両により停止を命じられた。ところがキングはこれを振り切って逃走する。彼はこの時、強盗を働いて懲役刑を終えたあとの仮釈放中だったため、再収監されることを恐れたのだ。

警察はキングの車を追跡し強制停車させたが、キングはかなり酒に酔っていたこともあって警官に抵抗。警官たちは彼を車から引きずり下ろすと、抑えつけて激しい暴行を加えた。これによりキングは、全身の骨折や眼球破裂などの重傷を負った。

この暴行の様子を撮影した映像がテレビで全米に報じられるや、黒人社会を中心に激しい批判が巻き起こった。

キングを暴行した警官たちは過剰防衛の容疑で逮捕されたが、約1年後の1992年4月に裁判で全面無罪の評決を受けた。この判決に怒りを爆発させた黒人らが、まず、警察や裁判所を取り囲んで大規模な抗議集会を行った。このうち一部が暴徒化して警察と裁判

所を襲撃し、商店への放火、略奪も発生。これがいわゆるロサンゼルス大暴動である。

この時、韓国系移民の経営する商店が略奪の標的になったのだが、これはアメリカのマイノリティ同士の対立、軋轢《あつれき》の深刻さを浮き彫りにする出来事であった。

暴動はこの後、ラスベガス、アトランタ、サンフランシスコなど、全米の他の都市へも波及し、ようやく沈静化したのは6日後のことだった。

今回のジョージ・フロイド事件の場合も、ロドニー・キング事件と似たような経過をたどった。ただし、人々の怒りの導火線は、ロドニー・キング事件のときよりもはるかに短かった。警官の逮捕、裁判を待たず、フロイドの死亡直後の5月26日には、現場となったミネアポリスで大規模なデモが行われたのである。

それは当初、比較的平穏なものだったが、状況が一変したのは翌27日である。一部の群衆が暴徒化し、店舗への焼き討ち、投石、略奪、駐車中の車への放火が始まった。

さらに29日には、デモ隊にとってはまさに敵の本丸であるミネアポリス警察署が焼き討ちされ、周辺地域の警察の分署も窓を叩き割られるなど、次々に暴徒たちの襲撃を受けた。一般の店舗への放火、打ち壊し、略奪行為も激しさを増す一方で、被害を受けた商店主や自警団は実弾を発砲して応戦、両者入り乱れて、現場は市街戦さながらの大混乱に陥った。

警察は必死に鎮圧に務めたが、拡大を続ける暴動に打つ手がなかった。

そしてこの抗議行動と暴動は燎原《りょうげん》の火のように、シアトル、アトランタ、サンフランシスコ、ワシントンDC、ニューヨークなど、たちまち全米の主要都市を飲み込んでいった。もはや武装蜂起ともいえる〝黒人たちの叛乱〟はしかし、国内に止まらなかった。

ある一つの明確なスローガンを参加者たちが口々に叫ぶことで、〝叛乱〟は世界規模で伝播《でんぱ》していったのである。

私たち日本人も、早々にそのスローガンを知るところとなった。

「ブラック・ライブズ・マター（以下、主にBLMと表記）」である。

この英語のニュアンスは翻訳ではなかなか伝わらないと言われるが、およそ「黒人の命は大事だ」という最大公約数的な日本語に落ち着いている。しかし、「黒人の命も大事だ」いや、「黒人の命こそ大事だ」、あるいは「すべての黒人の命は大事だ」といった、微妙にニュアンスの違う解釈も行われている。

はたまた、「黒人の命だけではない。すべての命が大事だ」として、「オール・ライブズ・マター」と唱える人もいる。さらに、今回の事件で、黒人を容赦なく殺す人種差別主義者として完全に悪役にされてしまった警官を擁護する言葉として、「ブルー・ライブズ・マター」と言う言葉も生まれている。「ブルー」とは、警官の制服を表しており、つまり、「警官の命も大事だ」という意味だ。

すっかり世界中に知れ渡ったこの「ブラック・ライブズ・マター」は、しかしジョージ・フロイド事件をきっかけに生まれた言葉ではない。正確には、「#Black Lives Matter」だが、これは、2012年2月、フロリダ州サンフォードで、当時17歳だった黒人少年トレイボン・マーティンがヒスパニック系の混血である自警団員ジョージ・ジマーマンに射殺された事件に端を発している。

ジマーマンは第2級殺人で逮捕されたが、2013年6月に始まった裁判において、陪審員は、射殺に至る行為に正当防衛を認めて彼に無罪を言い渡した。

これに衝撃を受けたのが、黒人女性のアリシア・ガーザである。彼女は当時、社会活動家（ソーシャルオーガナイザー）として黒人コミュニティを組織していたが、無罪の言い渡しに悲憤慷慨《ひふんこうがい》し、怒りにまかせてSNS上にこう書き込んだ。

「吐き気がする。みんな、今こそ、踏ん張りどきだ。私たちの命がかかっている。この国の黒人の少年に安全はない。この国の黒人男性にも安全はない。この判決は、ジョージ・ジマーマンのような奴らをもっと生み出すだろう。#Black Lives Matter」

こうも書き込んだ。

「黒人の皆さん、私はあなたたちを愛している。私たちを愛している。私たちの命は大切だ」

これにすぐさま、「#ブラック・ライブズ・マター」とハッシュタグをつけて返信したのが、同様に社会活動家で、ガーザの友人のパトリース・カーン・カラーズである。この２人に、ガーザの友人で、「正当な移民制度のための黒人連合」という団体を組織していたオパル・トメティを加え、３人で何度も話し合いを重ねた。

そして、ブラック・ライブズ・マターという言葉を広め、普遍化するために、専用のウェブサイトを立ち上げた。「私たちの生には意味がある。黒人の命は大事だ」という願いを込めて。なお、「マター」は、「（黒人の命には）意味、意義がある」と解釈することもできるそうだ。

こうして２０１３年に３人の黒人女性によって創設されたＢＬＭ運動だが、今回起きたジョージ・フロイド事件こそが、このスローガンを世界中に知らしめる決定的な出来事となった。

彼の死を悼《いた》み、次々に街頭に繰り出した抗議者たちは、誰ともなくごく自然にこの言葉を口ずさむようになり、やがてそれは巨大な奔流となって全米を席巻し、そして世界へと溢れ出したのである。

と、ここまで書くと、このＢＬＭ運動は無辜《むこ》の黒人が警官にひどい暴行を受ける理不尽さにいたたまれず、正義と平等を切望する純粋な差別撤廃運動であると思うかもしれない。

しかし、その実体は相当に訳ありなのである。

「富の再分配だ」と暴動・略奪を正当化し、狂喜するBLMの暴徒たち

先ほども触れたが、まずその暴動の桁《けた》外れの規模と凄まじさに驚く。暴動、略奪行為に加わった人々の生の声を聞いてみよう。まずは、事件の震源地《エピセンター》・ミネアポリスから。

「私が見た最も野蛮なことはなにかと言うと、盗難した郵便車で、無人の警察署正面のバリケードに全速力で突っ込んでゆき、警察署に火を放ったひとがいたことです。その後、現金の入った鞄や金庫をかかえて銀行から歩いて出てくるひとたちの姿も見えました。こんな話もあります。（中略）若者たちが車を走らせてサンフランシスコのユニオンスクエアにある多くの宝石店に略奪に入りました。警察はその跡（ママ）を追いましたが、結局捕まえることはできませんでした。（中略）私たちが目撃しているのは、現代アメリカ史における富の最大の下方再分配なのです。なんと素晴らしいことなのでしょう」

「ミネアポリスでの木曜夜、かつては第三分署だったところで大かがり火を囲んで出会ったひとたちのことを私は忘れることはないでしょう。（中略）誰もが微笑んで略奪品をシェアし、踊ったり寛いだりしていました。（中略）街区全体が燃えていましたが、そのあい

だも人々は略奪に入った建物の残り物を探したり、空に向かって火器やレーザーを打ち上げたり、新たなひとに出会ったり、踊ったりしていました。これはとくべつアメリカ的な愛のかたちです」

ニューヨークのマンハッタンも、デモ隊の狂暴な破壊欲求から逃れられなかった。

「(マンハッタンの)ユニオンスクエアーにいたわたしたちの集団は、南のデモ隊と合流するために、警察の封鎖線を迂回して、13丁目に行くことにしました。すると何とそこには、何台もの警察車両が放置されていたのです。14丁目の封鎖線に駆り出されていたために、警官が一人もいなかったのです。デモ隊が、そこに着くや否や、10代中心と思われる若者たちのグループが、次々にその車両を破壊し、火をつけていきました。(中略)3、4台の車両が、完全に燃焼した様子でした。ユニオンスクエアーは、ニューヨークでも保安文化の中心であり、そこでこのような光景を見るとは、全く予想外のことでした」

警察と監獄を廃止せよ!

これらは、河出書房新社発行のムック、『ブラック・ライブズ・マター　黒人たちの叛乱は何を問うのか』に収録されているものだが、同書全体に、「反乱」「叛乱」「蜂起」「革命」という言葉が溢れている。

放火によって赤々と燃え盛る火の手をバックに暴徒たちが拳《こぶし》を振り上げる、赤と黒の毒々しい表紙といい、同書そのものが、暴力を賛美する極左の解放区であるかのような体裁である。

現地の活動家、デモ参加者からは、資本主義とか帝国主義、ロシア革命、ルンペンプロレタリアート、黒人ブルジョアジー、マルクス主義、黒いマルクス主義、アナーキストといった言葉が頻繁に飛び出す。

そして彼らが一様に口にするのが、「アボリショニズム」という聞き慣れない言葉である。これは日本語に訳すと「廃止主義」「廃絶主義」と言うのだそうだ。そもそもは、南北戦争以前に「奴隷制廃止」の意味で使われた言葉なのだと言う。それで今は、いったいなにを廃絶するのかと言えば、警察や監獄だそうだ。

警察は丸腰の黒人を射殺し続ける組織であり、監獄は、人口比に比べてあまりに多くの黒人やその他のマイノリティを不当に収監している組織である。いずれも、組織自体に**制度的人種差別**があらかじめ組み込まれている「現代の奴隷制」なのだそうだ。

したがって、これらの組織を解体して囚人たちを全員解放し、制度そのものを廃絶に追い込むというのが「現代の奴隷制廃止」であり、ＢＬＭが最も力を入れる運動なのである。

手始めは、警察への予算配分の削減、あるいは停止（デファンド・ザ・ポリス）だ。

ＢＬＭの創設者の一人、前出のパトリース・カーン・カラーズ自身が、彼女の著書『ブラック・ライヴズ・マター回想録　テロリストと呼ばれて』（青土社）の中でこう言っている。

「私たちアメリカに住んでいる黒人の一人一人はもちろんのこと、その国民の全てを救うであろう最も重要な改革は、現行の刑罰と投獄の制度についてであるという確信だ。その制度を解き放とうという私たちの決意は、揺るぎないものだ」

ごく普通の日本人の感覚からすれば、とんでもない過激思想だが、ある特定の思想の信奉者からすれば、過激でも何でもない、ずっと昔から唱えられている主張である。警察や軍隊は、資本主義国家における暴力装置であるというのが彼ら、すなわち共産主義者たちにとっての〝常識〟であり、その廃絶を企てるのは、共産主義革命達成の一里塚なのである。そう言えば、日本でも民主党政権時代の官房長官だった故・仙谷由人《せんごくよしと》氏が、かつて参議院予算委員会で自衛隊のことを「暴力装置」と言って批判を受けていた。

話を戻そう。つまり、「アボリショニズム」を強く訴えるＢＬＭ運動とは、単なる黒人差別撤廃運動などではなく、その美名に名を借りた過激な革命運動なのだろうか？　当然ながらそうした疑念が生まれる。

ただ、今回の暴動にはイデオロギーとは別の側面もある。ともかく燃やし尽くせ、叩き

BLMは平和的な差別反対のスローガンではなかった

上：フロイド事件後の2020年5月31日に、ワシントンD.C.のホワイトハウス近くで撮影された破壊行為〔写真：AP/アフロ〕。下：シアトルで警察署を占拠し、数週間「キャピトル・ヒル自治区」を作っていたBLM活動家たちが警察による奪還を警戒して手をつなぎ、対抗しようとしているところ(6月22日撮影)。〔写真：ロイター/アフロ〕

壊せとばかり、コロナ禍でたまったフラストレーションを、警察襲撃や略奪、放火という形で発散させただけの人々がいたことも事実なのである。

なぜなら、エッセンシャルワーカーとして働いていた黒人の多くが、コロナに感染する恐怖に晒《さら》されて神経をすり減らしていた。事実、コロナによる重症患者、死者数ではいずれも白人を上回っているし、雇用悪化で、黒人失業者も急増している。こうしたことが人々の被害者心理に拍車をかけ、暴動をなお一層激しいものにしたことも確かだろう。

ともかくも、暴動の実態は、わが国の主要メディアが報じるＢＬＭ運動のイメージとはまるで別物である。日本のマスコミが伝えるＢＬＭは、あくまで非暴力運動であり、もちろん、暴動を煽ってはおらず、背後に不穏なイデオロギーなど微塵《みじん》もなく、あくまで〝差別された黒人たちを救済しようとする無私のＮＧＯ〟のようなイメージだ。しかし、このように現実との著しい乖離《かいり》を見、ＢＬＭの目指すところをいささかでも知るにつれ、**メディアは意図的にＢＬＭ性善説を騙《かた》り、印象操作をしているのではないか**とさえ感じる。

とはいえ、暴力に関しては、確かに河出書房新社の前掲書にも次のような証言がある。

「ミネアポリスからいくつもの都市に広がった反乱は、ＢＬＭが原則としていた非暴力直接行動や道路／橋の封鎖を超える——投石、火つけ、破壊、略奪など——戦闘的行動を一挙に広めていきました」

「非暴力直接行動」を原則としていたとある。だが一方、道路、橋の封鎖をBLM運動が戦術として奨励していたのであれば、やはりまったくの非暴力とも言えない。

ちなみに、道路、橋の封鎖を直接行動の戦術としたものとしては、2011年から2012年にかけてリーマンショックを背景に起きた「ウォール街を占拠せよ」の運動を思い出す。BLMは、この手法を踏襲しているということになる。

ところが、最左翼の側から見れば、BLMはまだまだお行儀のいい運動であり、BLMによってプロテストがここまで激しくなったのではない、BLMとは何の関係もないと突き放すデモ参加者もいる。BLMを巡る見方は、まことに多種多様である。

そもそもBLMとは、中央集権的な組織ではない。したがって上意下達の指揮系統を持たず、デモ参加者を統率するリーダーもいない。というより、戦略上あえて目立つ指導者は作らないものとされる。鵺《ぬえ》のような、アメーバのような変幻自在の緩い集合体で、実態が今一つよくわからない。

だが、SNSを介しての大衆動員力には抜群の影響力を発揮している。BLMとしては確かに、暴動を煽るような具体的なアジテーションこそしていないだろうが、反対に、暴動をやめるよう呼びかけようと思えば、SNS上に簡単に声明の一つも出せばすむはずだが、彼らはそれはしないのだ。

略奪無罪＝造反有理《ぞうはんゆうり》の狂気——「毛沢東思想《マオイズム》」への強い傾倒

前掲書には、ロビン・ケリーという人物が「ニューヨークタイムズ」に寄稿した論文が引用されている。

ケリーは、「彼らはなぜ略奪するのか」という問いに、「私たちの国は略奪の上に成立している」と答えている。そして、「我々の身体は略奪されている。我々の労働は強制的に搾取《さくしゅ》されている。統治のシステムは我々の賃金を抑制し、我々の財産を盗み〜」と続き、「暴動とは積年の収奪に対する補償要求であり、払い戻し要求である」とまで言っている。

つまり、アフリカ系アメリカ人は、アメリカの長い人種暴動の歴史の中で白人たちに殺害され、家や職場を略奪され放火されてきた。そして今も、社会のあらゆるところに潜《ひそ》む制度的差別、構造的差別によって搾取されているのだから、略奪には道理がある。われわれ黒人には、奪われたものを奪い返す権利があると主張しているのである。

若かりし頃、共産主義思想にかぶれた人やシンパだった人、ノンポリでも、シンパの友達がいたというような人なら、こうした主張に聞き覚えがあるだろう。当時、共産主義者の間では、持たざる者＝無産者が強盗など犯罪を行ったとしても、それは、強欲な資本家や理不尽な国家から収奪されたものを取り返すことにすぎず、何ら恥ずべきことではないという〝反逆の思想〟、〝毛沢東《もうたくとう》思想〟がもてはやされていた。

実際にロシア革命においては、スターリンらが党の資金を得るために強盗を働いた事実がある。

「すべての犯罪者は革命的である」とも言われ、要するに、〝造反有理〟〝略奪無罪〟ということである。**火つけだろうが人殺しだろうが、持たざる者が行えば、すべてその罪は相殺《そうさい》されたうえ、帳消しになってしまう**という、まことに都合のいい論理である。

しかし、前世紀の遺物であるマルクス主義的な詭弁《きべん》が、資本主義の総本山である現代のアメリカでもっともらしく語られていることに驚く。ただしその主体は、「持たざる者＝無産者・労働者階級」という定義から、現在では「黒人を含めたマイノリティ」に、いつのまにか入れ替わっているのである。つまり黒人＝被差別者＝マイノリティという定義がなされている。

1章でも述べたが、労働者に代わり、黒人など社会のマイノリティを変革の主体に据えたこの新たな共産主義運動は、アメリカにおいて巨大なパラダイムシフトを巻き起こし、すでにアメリカ社会のそこかしこに深刻な影響を与えている。

加えて問題なのは、曲がりなりにもアメリカを代表する新聞の一つが、寄稿者の言葉であるとはいえ、暴力や犯罪を正当化する論陣を張っている、というより、ひと昔前のアジびら同然の一方的な内容を掲載していることである。もっとも「ニューヨークタイムズ」は、とっくに極左の機関紙になっているという人もいるから、それほど驚くことではないのかもしれないが、新たな共産主義理論に晒されたアメリカ社会が、それと知らず病膏肓《やまいこうこう》に入っていることの証左でもある。

今アメリカでは、「アメリカ版自虐史観」とでも呼べる現象が進行中である。

アメリカ合衆国の建国年は、広く知られているように1776年だ。ところが、ジョージ・ワシントンやトマス・ジェファーソンなど建国の立役者たちは、みな黒人奴隷を所有していた人種差別主義者だったとして、新しいアメリカの建国年を、黒人奴隷が初めてアメリカ大陸に連れて来られた1619年に変更しようという試みである。

これは「1619年プロジェクト」と呼ばれ、ニューヨークタイムズ紙が主導し、マイノリティやリベラルな白人たちの間で熱烈に支持されている。

最近では、「奴隷制時代に黒人が受けた被害に対して、その子孫たちに損害賠償を支払うべき」とする運動まで起きている。ロビン・ケリーの主張する「積年の収奪に対する補償要求であり、払い戻し要求」という「タカり」のような理不尽なことが、本当に実現するかもしれないのである。

こうした極端な自虐史観、黒人に対する過度な贖罪意識の背景には、米国全体を論争の渦に巻き込み、物議を醸しているある概念がある。

「批判的人種理論《クリティカル・レイス・セオリー》（Critical Race Theory）」という。

これは、1970年代に法学者が提唱した学説である。法学者たちは、公民権法案の成立で人種差別的法律が全廃されたにもかかわらず、人種間の平等が思ったように進展しなかった事実を鑑み、米国の法制度が人種的不平等にどれほど寄与しているかを研究した。

そして、「法制度は結局、社会における白人支配を維持するために機能していた」という理論を構築したのである。

「ですから、いまや米国において白人男性というのは、生まれながらに〝原罪〟を背負った存在です。なにしろ学校で、合衆国憲法とは白人至上主義を恒久化させるために作られたと教えられている始末です。白人イコール人種差別主義者だと子供たちに教えている。だから、黒人の子供に白人への憎しみが生まれ、白人の子供をいじめるようになる。公然と人種間の憎悪を煽る教育が行われているのです」

「世界日報」の編集委員・早川氏はこう説明する。

麗澤大学准教授のジェイソン・モーガン氏が、大学院生の時に経験したという例の「多様性訓練」も、この「批判的人種理論」を踏まえた〝実践編〟というところだろうか。

ＢＬＭ暴動に襲われたケノーシャを訪れた山中泉氏《やまなかせん》が見た悲しい真実

在米30数年、シカゴに住む企業経営者・山中泉氏は、その著書『「アメリカ」の終わり』（方丈社）の中で、彼がその目で見たＢＬＭ運動の真実の姿をつぶさに綴《つづ》っている。

山中氏は、暴動が起きた時、店舗への襲撃がどのように始まるのかをこう説明する。

「たいてい最初は、自分たちの住む黒人街で近隣の一般の店（多くは黒人オーナーの店）への襲撃から始まり、やがて、ニューヨークの5番街、シカゴのミシガンアベニューなど大都市の高級ショッピング街にあるグッチ、ティファニー、ロレックス、アップルなど高級ブランドショップに拡大してゆきます」

山中氏は、フロイド事件の約2カ月後に、氏の住むシカゴから車で1時間余りのウィスコンシン州ケノーシャを訪れた。この地は、２０２０年8月24日、新たに起きた警官による黒人銃撃事件で揺れていた。

同日、警察はＤＶ（家庭内暴力）の通報を受けて現場の住宅街に急行。すると、容疑者のジェイコブ・ブレークが警官の制止を振り切って車に乗りこもうとしたため、警官が彼の背中に向けて7発の銃弾を発射したのである。

警官にとって、容疑者が車に戻る動作は最も危険である。なぜなら、車に隠した銃をつかんで警官に応戦するかもしれないからだ。動画を見た限りでは、銃撃はやむを得なかったのではないかとも思われるが、ジョージ・フロイド事件で全米が沸騰《ふっとう》するさなか、こうした事情が正当防衛として考慮される状況にはなかった。

かくてこのケノーシャもまた、BLMを叫ぶ暴徒たちの襲撃によって、店舗が軒並み放火や略奪の被害にあったのである。だが、このエリアの住人は、黒人を含む有色人種がほとんどで、店主たちの多くもマイノリティである。

「暴徒たちは深夜に来て私の店を襲い、略奪して放火していった」

古着や中古品を扱う店を経営していた女性は、山中氏にこう話す。彼女は、自分の店に押し入り、ガソリンをぶちまけ放火する暴徒たちを何とか押しとどめようとしたが、彼らは無慈悲にも放火を続けた。しかしガソリンとは恐ろしい。一歩間違えば、暴徒だろうと被害者だろうと、一瞬にして多くの人が焼死してしまうではないか。

「このエリアは貧しいけれど、悪い場所ではなかった。みんなブルーカラーだけど、働き者で小さな商売をやっている人が多い場所だったのに」

やはり、小さな小売店を経営していた男性は、

「連中は店の品物をすべて持って行ってその後放火した。被害金額は1万ドルを超えるが、

これらは保険会社から保険の対象にならないと言われた」

そして、

「この店が私のすべてだった。今まで一度も他人を不公平に扱ったことはない。なぜこんな目に遭《あ》うのだろう」

と肩を落とした。

分厚いベニア板で店頭を覆い、暴徒の襲撃を免《まぬか》れた店舗には、決まって「Love Lives」の文字が書き込まれている。これは、「BLMを支持しているから、どうか私の店を襲わないでくれ」という店主の懇願《こんがん》なのだという。

暴動が吹き荒れた全米の他の都市でも、店を守るベニア板にはどれもこれも、「私たちはBLMをサポートしている」と書かれている。

焼き討ちと略奪を一刻も早くやめてほしくとも、「人種差別反対」という、誰もが抗《あらが》いがたいスローガンの前に沈黙するしかない。苦肉の策として、文字でBLMに連帯を示すことでなんとか被害を免れたいのだ。店主たちの苦しい心中を思わざるをえない。

これこそが、BLM運動の負の側面、一方の真実なのである。

シカゴから「本当のアメリカ」を伝え続ける日本人

山中 泉（やまなか　せん）氏
シカゴ在住の企業経営者。
長年米国で空手指導も続けてきた。

1958年青森生まれ。県立青森高校からイリノイ大ジャーナリズム科に進み、その後NY野村証券で米国株トレーダーなどを務めた後、シカゴで起業。長年の空手指導を通じ、米国の幅広い層の生活者との交流経験から、日米のメディアが絶対に伝えない“アメリカ人の本音”をFBなどで発信し続けている。著書『「アメリカ」の終わり』は驚きをもって迎えられ、ベストセラーとなった。アメリカの原点とも言える「草の根」の人たちの良心や、リアルな声を伝えようとの熱意は尽きない。

〔写真提供:いずれも山中泉氏〕

BLMによるケノーシャでの暴動、放火・略奪事件があった直後、現地で撮影したもの。略奪被害を恐れた店舗経営者が、防御のため店頭に張ったベニヤ板に描いた「Love Lives」が痛ましい。「あなたたち(BLM)の敵じゃないよ。だから乱暴はやめて!」とのメッセージは残念ながら届かず、ケノーシャ各地は火の海となった（詳しくは本文参照）。

全米一の圧力団体になったBLMは、もう誰にも批判できない

暴徒たちはニューヨークやシカゴで、名だたる高級ブランド店を軒並み襲い、店の中の商品を根こそぎ略奪して凱歌《がいか》を上げた。

「黒人の命は大事だ」と叫びながら、同じくマイノリティのささやかな店を襲い、車に火をつけることに、どんな大義名分が、いや正当性があるというのだろうか。

ＢＬＭ運動が引き起こした暴動による損害は、全米で２０００億円以上に上っている。このケノーシャだけでも被害額は50数億円といわれる。高級ブランド店とは比べようもない小規模店の店主たちは、全てを失った怒りをどこにも持って行きようがないのである。

このＢＬＭは現在、「ブラック・ライブズ・マター・グローバル・ネットワーク」という財団を組織している。国家による黒人への暴力や抑圧を撲滅するための国際的な組織化プロジェクトと称し、２０２０年現在、４カ国に40の支部を持つ。

この日本にも、すでに全国に多くの支部がある。

そしていまや、「全米ライフル協会」を凌ぐ**全米一の圧力団体**に躍り出ている。

アップル、グーグル、フェイスブック、ナイキなど、アメリカの名だたる企業も揃ってＢＬＭに協賛し、巨額の寄付金《ドネーション》が同団体に次々に流れ込んでいる。

様々なアンケート調査によれば、人種や支持政党の枠を越え、米国人の50～60％がBLM運動を支持しているという。このような圧倒的な賛意の下、BLMをわずかでも批判したり異議を唱えたりすれば、たちどころに「人種差別主義者《レイシスト》」の烙印とともに、すさまじいバッシングを浴びることになる。

個人の場合は、即座にネット上に名前と住所が晒し上げられる。大学や企業など組織の一員であれば、組織はその人間を解雇せざるを得ない。早々にトカゲのしっぽ切りをしなければ、抗議や嫌がらせが今度はその組織に殺到するからである。

企業の経営者であれば即座に不買運動に結び付けられ、結果、トップの座を追われる。謝罪しても許されないのである。

当の黒人による批判であろうと容赦ない。ルイ・ヴィトンの黒人デザイナー、ヴァージル・アブロー氏は、ヴィトンの店が襲撃、破壊されたことに対し、「ひどい行為だ」と発言したところ、これに非難や反発が巻き起こった。アブロー氏はすぐに発言を撤回、「私や友人たちの店が略奪されたことについて語った。しかしこれらの店舗への私の心配が、正義を守り、怒りを表明する権利に対する関心を上回ってしまったことを謝罪する」と陳謝するまでに追い込まれた。

この顛末《てんまつ》を日本のオピニオンサイト（「WEDGE　Infinity」）で報じた在米ジャーナリスト・

土方細秩子《ひじかたさちこ》氏は、

「なぜアブロー氏は謝罪する必要があったのか。抗議行動と破壊略奪行為は別のものだ。差別された怒りを表明するために暴力的な行動を起こすことが正当化されるのは間違っている、と声を上げることがなぜ批判の対象になってしまうのか」

と書いた。全く同感である。土方氏は、次のような事実も伝える。

「米国の黒人セレブもこうした世の空気を煽っている。ハリウッドを中心とするミュージシャン、俳優らが『暴動で逮捕された人々の保釈金を支払う』などと次々に発言し、多くの資金が集まっている。また元プロバスケットボール選手で神様とも呼ばれるマイケル・ジョーダン氏は（中略）今後10年間で1億ドルを人種差別に反対する団体などに寄付する、と語った。**その一方で、暴動で被害にあった人々への救済については語られていない。**巨人企業によるチェーン店はともかく、個人商店、レストランなども数多く被害にあっている。また車を燃やされたり破壊され、翌日からの仕事に支障が出た人も少なくない。ところが暴徒に発砲した商店主が逮捕されるなど、米国で認められてきたはずの自衛権も存在しない有様だ」

前述した山中泉氏の証言とも重なる。個人商店の被害については、保険の支払い対象にならないのだ。ところが一方、加害者である暴徒については、現副大統領のカマラ・ハリス氏自ら、保釈金を支払うための募金を呼びかけるなどの支援をしている。

ただ、土方氏はこう続ける。

「米国にとって人種差別というのは非常にデリケートな問題だ。平和的な抗議行動は起こされて然りだし、黒人だけでなく人種差別の対象となるすべての有色人種がこの問題について意見を述べることは大切だ」。その上で、「しかし現状は『忖度《そんたく》』があまりにも先行し、事の是非まで歪められている印象もある。略奪行為まで正当化されるのなら、米国の正義は根本から揺らいでいる、と言っても過言ではない」と結んでいる。

BLM創設者たちの強烈な被害者意識

BLM運動の創設者3人のうち、最初に「ブラック・ライブズ・マター」と声を上げたアリシア・ガーザには、『世界を動かす変革の力　ブラック・ライブズ・マター共同代表からのメッセージ』（明石書店）という著作がある。

BLM運動の創始者である彼女たちが何者であるか、賢明な読者にはもう察しがついていると思う。

そう、彼女たち3人は歴《れっき》としたマルクス主義者であり、しかも全員クィア（Queer）であると自称している。クィアとは、後で詳しく説明するが、「性的少数派」の総称である。

中部《ちゅうぶ》大学経営情報学部教授の酒井吉廣《さかいよしひろ》氏は、「日経ビジネスオンライン」に、「暴力反対の声に対し、拡散始めたブラック・ライブズ・マターの本質」と題して、次のように書いている。

「筆者がウォール・ストリート・ジャーナルの記者から聞いた話では、BLMを始めた3人はマルクス主義者で、目的の達成のための破壊活動を正当化するという発想があったという。何が真実かの判断は難しいが、ポートランドのリーダーである黒人女性、ニューヨークでインタビューに答えた黒人男性は、話している内容からすると、どちらも共産主義的な考えが背景にある雰囲気だったのは事実である」

研究者だけに、実に慎重な書きぶりだ。しかし前出の山中氏は、前掲書の中でこうはっきり書いている。

「結成メンバーの一人、カラーズは2015年のインタビューで、『私たちはマルクス主義者として組織的な訓練を受けた』と語っている。また、結成メンバーの一人のオパル・トメティはこの時期ベネズエラのマルクス主義独裁者の大統領ニコラス・マドゥロと親交を深めていた」

黒人女性でしかもクィアとくれば、今のアメリカでは**マイノリティ中のマイノリティ**であって、むしろ最強だ。うっかり彼女たちを批判すれば、手痛い反撃を喰らう。

それはさておき、彼女たちの著作を一読した感想を述べる。全編を通して、人種差別への怒りと糾弾に満ちた告発の書だが、読む進めば読み進むほど、なんとも名状しがたい違和感と疑問が膨らんでくる。

大きな違和感の正体は、徹頭徹尾、「黒人は悪くない、全ては黒人を搾取し差別する白人至上主義のせいである」とする強烈な被害者意識と、アメリカ国家への尋常ならざる憎悪、そして敵意である。

在米ジャーナリストの土方細秩子氏も述べていた通り、アメリカにおける人種差別は、非常にデリケートな問題である。黒人たちにしても、自分たちの祖先がアフリカから奴隷として連れてこられたという辛い過去の歴史を振り返るたび、その胸中に、抑えることのできない怒りと屈辱が込み上げるのかもしれない。

しかしだからといって、自分や家族の犯した個人的な犯罪についてさえ、悔恨や反省の気持ちが一切なく、結局、こうした犯罪のすべては人種差別に起因するという、責任転嫁とも自己正当化ともとれる主張には、首を傾《かし》げざるを得ない。

彼女たちの世界観によれば、人間の行動はすべからく、その生まれ育った国家や社会によって規定され運命づけられており、それに抗《あらが》うことはできないらしい。差別され迫害される存在である黒人に生まれたが最後、自助努力や克己心、向上心によって、困難を克服し、未来を切り開こうとすることは不可能のようだ。とすると、国家による社会福祉政策に頼らざるを得ないということなのか。

たとえば、パトリース・カラーズは前掲の自著『ブラック・ライブズ・マター回想録 テロリストと呼ばれて』で、実父の過酷な人生を次のように綴っている。

詳細は書かれていないが、父親は何らかの罪で長期間の刑務所暮らしとなり、釈放後に軍隊に入隊。長くパナマや韓国で兵役を務めたが、そこで、コカインなどの麻薬の常習者となった。除隊後に仕事を探すがうまくいかず、結局麻薬の売人となり、50歳で死亡した。

この実父について、カラーズはこう書く。

「彼の人生の中で起きた出来事一つ一つをとってみて、それが父が自分で下した選択の結果だったのか、それとも社会構造の現実やその政治方針や法的裁断がもたらす結果だったのか吟味してみれば、その後者の方がまるで比較にならないほど重大な影響を与えていることが見えてくるだろう。そのことを私は力説する」

要するに、すべて社会が悪い、自己責任ではないということである。

しかしそうだろうか？

差別の隠された暗号？　言いがかりに近い論法

実父の人生に立ちはだかった人種差別とは一体どのようなものなのか、彼女はそれを一切具体的に書いていない。たとえば、退役軍人のための援助プログラムというのがあるそうだが、それは、黒人退役軍人のためにはほとんど無益であったと書く。

「(援助プログラムは) ジム・クロウ法を維持するように書かれたものと言える。例えば、住宅ローンやビジネスローンなど地元の銀行や役所を通して行われたため暗黙裡《り》の差別がまかり通り、黒人退役軍人はこの恩恵を公平に受けられなかった」

ジム・クロウ法とは、1876年から1964年にかけてアメリカ南部諸州に存在した人種差別的内容を含む州法の総称である。黒人だけでなく、インディアン、日系人を含むアジア系などすべての有色人種《カラード》が対象で、一般公共施設の利用を白人と有色人種とで隔離するための法律だった。例えば、有色人種は白人専用のトイレや水飲み場を使ってはならず、公共バスを利用する時は、前方が白人席、後方が黒人席と決められていた。そして座席が足りなくなった場合は、黒人が白人に席を譲らなくてはならないという決まりだった。

この公共バスにおける人種差別を巡っては、1955年、アラバマ州モンゴメリーで、ローザ・パークスという女性が、白人に席を譲ることを拒否して逮捕された事件があった。

すると、同地のバプテスト教会所属のマーティン・ルーサー・キング牧師らが黒人たちに、バスボイコット運動を呼びかけた。この運動が成功裡に終わったことが契機となり、1956年、連邦最高裁判所は、公共バスにおける人種分離は違憲であるとの判決を下した。キング牧師の指導するこれらの非暴力抵抗運動は全米各地に広がり、1963年のワシントン大行進を経て、翌1964年に公民権法が成立すると、これらの差別的州法は全て撤廃された。

だがカラーズは、いまだにこの法律は巧妙に形を変えて、現代社会に残っていると言いたいようだ。しかしその差別の実態がはっきりしない。「暗黙裡の差別」とはいったいどんな差別なのか、そこをぜひ聞いてみたいのに、彼女は具体的に語ろうとはしない。

カラーズはまた、ある友人から聞いたとして、こんな話を披露する。

ジム・クロウ法があった頃は、差別の所在は明らかでわかりやすかった。ところが、同法が撤廃されてしまうと人種による差別ができなくなった。「だから、隠されている暗号を見つけなくちゃいけない。暗号を含む表現はあちこちにちらばっている。法律は書き直されたけど、白人至上主義は書き直されてはいない。その毒は、しっかり法律の中に埋め込まれている」

この場合も同じだ。法律の中に白人至上主義の毒が埋め込まれているというなら、その暗号＝証拠を突き止めて、法改正のための具体的な行動を取ればいいではないか。
いったい「制度化された人種差別」とやらはどこにあるのか。

「制度的人種差別」は神話だった！

いや、あなたはこう言うかもしれない。黒人が差別されている証拠は、すでにいくらでも書き連ねられているではないか。ジョージ・フロイド事件しかり、トレイボーン・マーチン事件しかり、ロドニー・キング事件しかり。武器を持たない黒人たちが毎年何人も警官に殺傷されている事実こそが、明白な制度的人種差別ではないか、と。

だが、いつもその根拠として持ち出されるのが、「警官に殺される黒人は、白人の2・5倍～3倍」という、ひどく大雑把な数字だけである。

しかしこの数字は、本当に黒人差別の実態を表わしているのだろうか。その疑問に答えた論文がある。

2020年6月2日付けの「ウォール・ストリート・ジャーナル」に、保守派知識人で法律家のヘザー・マクドナルドが、「制度化された人種差別主義が警察に存在するという神話」という一文を寄稿している。マクドナルドは最新のデータを駆使して、警察が制度的な人種差別主義に支配されているという左翼の主張には、なんの根拠もないことを証明して見せた。

2019年、1004人が警察官によって射殺されたが、そのほとんどが武装していたか、警察官にとって危険なケースだった。このうち黒人が占める割合は235人で、約4分の1だが、この割合は2015年以降変わっていない。

警察による銃撃は、武装した相手や、危険な容疑者に遭遇する場面が多いほど増えるが、**黒人の犠牲者の割合は事実として、黒人の犯罪率からみれば低い。**2018年のデータによれば、黒人が全人口に占める割合は13%にすぎないのに、彼らは殺人犯の53%、強盗犯の60%を占める。警官に射殺された黒人が全体の4分の1というのは、犯罪率から推計される人数より、むしろ少ない。

ワシントンポスト紙のデータベースによれば、2019年に警官が射殺した非武装の黒人は9人、同じく非武装の白人は19人。それぞれ2015年の黒人38人と白人32人から減少している。同紙が採用する非武装の定義は広く、警察とのカーチェイスの間、弾を込めた銃を車に所持していたニュージャージー州ニューアークの事件も、「非武装」として扱われている。

2018年に殺人事件の犠牲となった黒人は7407人。対照にできる統計データがピッタリとは揃わないのだが、ワシントンポスト紙のデータベースに出てくる２０１９年の前年である２０１８年も、殺人事件の犠牲者総数がほぼ同数だったと仮定すると、警官に射殺された黒人犠牲者の９人が、２０１９年に殺害された黒人全体に占める割合は約０・１％強ということになる。

これとは対照的に、警官が黒人男性に殺される確率は、非武装の黒人男性が警官に殺される確率の18・5倍である。

また、黒人女性で、トランプ前大統領支持を鮮明にした保守派の若き論客、キャンディス・オーウェンズ氏は、ＢＬＭ運動を批判して、自身のツイッターに次のような主張をアップした。

「毎年黒人は、白人に殺される数の倍以上白人を殺している。我々（黒人）は全米の暴力犯罪の85％を占め、すべての殺人事件の50％が黒人によるものだ。**事件に巻き込まれて殺害される黒人の90％以上は黒人によって殺されている。**にもかかわらず、我々は（黒人が白人に殺されるたびに）それを人種差別だと訴えているのだ」

彼女は、フロイド氏の事件にもこう言及している。

「フロイドは黒人の悪しきカルチャーの象徴のような人物。彼が殉教者のように扱われることはあり得ない」

これは、前述したが、フロイド氏が過去に強盗などで複数の前科や服役経験のある麻薬常習者であり、今回の事件の発端となったのも、偽札を使用した疑いがあったからである。だがツイッター社は、彼女のこの一連の発言を、「人種差別を助長する」と問題視し、発言を削除したりアカウントを凍結するなどの対応を行った。

ＢＬＭ運動に対して異論を唱えることがいかに難しくなっているかを象徴する出来事であり、この事実からも、米国にはもはや言論の自由が存在しないと断言する保守派は多い。

そもそも、警官が武器を持たない丸腰の黒人を射殺したと報道された幾多の事件の中には、明らかに殺害された黒人に非があったケースも少なくない。

２０１４年8月9日、ミズーリ州ファーガソンで、18歳の黒人少年マイケル・ブラウンが28歳の白人警官ダレン・ウィルソンに射殺されるという事件が起きた。

これは後に、「ファーガソン事件」として有名になるが、ＢＬＭのカラーズも、前掲書の中でこの事件を非難、警官のウィルソンは、なんの武器も携行せずただ道を歩いていたブラウンをいかにも唐突に撃ったかのように記述している。

しかし真実は、ブラウンとその友人が強盗を働き、これを、警察無線で聞いたウィルソンが2人を追跡、路上で拘束しようとしたが、パトカー内でブラウンが激しく抵抗し、ウィルソンの顔を殴るなどした。さらに、逃走するかに見えたブラウンが、反対にウィルソンに突進してきたため、ウィルソンは正面からブラウンに発砲したのである。

なお、ブラウンは少年とはいえ、身長193センチ、体重132キロの巨漢で、ウィルソンに立ち向かってきた時、右手でポケットをまさぐるような仕草をしたため、ウィルソンは銃での反撃を恐れて発砲したともいわれる。

結局ウィルソンは、正当防衛を認められて裁判では不起訴となった。

警察が弱体化したミネアポリスでは、殺人件数が75%増

結論から言えば、警察組織そのものに制度的人種差別が存在するというBLMの主張には、客観的な根拠が乏しい。それにもかかわらず、メディアもBLMに全面的に寄り添って警察悪玉論を煽った。その結果、フロイド事件の起きた震源地ミネアポリスでは、2020年6月、同市議会の過半数の議員が、同市警察を段階的に解体し、新たな仕組みの治安組織を創設する決議を採択した。

どう考えても治安と秩序の破壊としか思われないBLMの要求が、あろうことか現実となった瞬間である。だが問題はその後だ。ミネアポリス警察と、同警察が管轄する同市の治安はどうなったのか。それを象徴する出来事があった。

2021年5月25日、あのジョージ・フロイド事件からちょうど一周年にあたるこの日、アメリカの各テレビ局は、「息ができない」とフロイドが何度も訴えながら絶命した現場からの中継を行おうとした。

ところが、現場の記者たちがレポートを始めた瞬間、彼らが手にしたマイクが拾ったのは、パンパンと響く乾いた乱射音だった。フロイドの大きなイラスト画が掲げられた通りを、人々は身を低くして四方八方に逃げ散った。

ミネアポリスでは、フロイド事件後、犯罪が急増し、警察発表によると、同市の2020年7月26日までの犯罪件数は、前年に比べ自動車の乗っ取りが46％、強盗は36％増加した。また、ファイナンシャル・タイムスが2021年5月26日に発表した別の統計によれば、2020年の同市の殺人件数は、前年に比べて75％も増加している。

この2020年7月、100件の強盗が起きた第3区では、全住民に対して、犯罪に遭遇した際に被害を最小限に留めるためのアドバイスや、日頃の防犯上の注意点を記した警察からのメールが送られた。

それによると、強盗に遭った際に、暴行されたり銃で脅される事例が後を絶たないため、「あなた方の安全が最も重要だ」として、犯人に抵抗せずに要求に応じるよう求めている。「携帯電話や財布を諦める心構えをしておくように。住民は犯人の要求を聞き入れるべきだ」

と警告した他、一人で街を出歩かないことや、車に近づく時は手に鍵を持っておくこと、不必要なものを持ち歩かないようにも忠告している。また自動車の乗っ取りについては、見知らぬ人が近づいてきてもドアを開けないこと、エンジンをかけたまま車を離れないこと、ライセンスナンバーを記憶しておくよう述べている。

こうしたアドバイスは極めて基本的なことばかりだ。しかしフロイド事件によってミネアポリス警察に非難が集まり、組織そのものが弱体化したうえ、犯人捜査や逮捕に二の足を踏まざるを得なくなったため、やむを得ず、住民たちに自ら自衛するよう苦肉の通達を出したというわけである。結局、警察の弱体化は、市民たちの安全を脅かす事態へと直接に跳ね返ってくるのだ。

先に紹介した山中泉氏の著書『「アメリカ」の終わり』には、知人の警官たちから直接聞いた話として、フロイド事件以後、警官たちは、犯罪発生の緊急無線が入っても、すぐに現場に急行しなくなった事実が紹介されている。

「例えば巡回中のパトカーに『どこどこで、150ドルの強盗があったので駆けつけろ』という無線が本部から入った。そこで彼は『自分は行かない、誰かルーキー（新人警官）を行かせろ』と本部に答えるという。彼は40代後半のベテラン警官だが、もうすぐ最初の年金がもらえる勤続25年になるので、今さら150ドルのために免職になるかもしれないリスクは取りたくないと言う」

黒人容疑者が路上で現行犯逮捕される場合、通行人や容疑者の知人がスマートフォン等で逮捕の様子を撮影することが多い。そしてそれはすぐにSNSに流れる。「白人警官がまた黒人を暴力的に逮捕している」というキャプションとともにである。そうなると、市長や警察上層部から査問委員会にかけられ、メディアに顔を晒され弾劾《だんがい》されることになるからだという。

しかし、警官が犯罪現場に駆けつけないことで一番の被害を被《こうむ》るのは、当の黒人たちである。犯罪多発地帯に住むのは多くの場合、白人ではなく、黒人を始めとした貧しいマイノリティたちだ。キャンディス・オーウェンズもツイッター上でつぶやいているが（前述）、犯罪多発地帯で起こる犯罪は、黒人が黒人を、それも自分より弱い立場の老人や女性、妊婦を襲う場合が実は圧倒的に多いのだ。

「BLMやいわゆる左翼筋は、黒人が白人警官に殺される事件だけを問題にする。しかし実際は、黒人による黒人殺害のほうがはるかに深刻な問題です。ところが彼らはこの問題には全く関心を示さない。これではたしてほんとうに、『黒人の命が大事だ』と思っているのかどうか疑問を持たざるを得ません」

「世界日報」の早川俊行氏は、こう批判する。

穿《うが》った見方をすれば、権力の象徴そのものである白人警官が黒人をねじ伏せるリアルな映像は、BLMにとって、彼らのいう制度的な黒人差別を一目瞭然で見せつけるまたとない機会なのかもしれない。早川氏はまたこうも言う。

「警察組織の中に組み込まれた制度的人種差別の一例として、麻薬常用者はむしろ白人の方が多いのに、黒人が多く逮捕されることを挙げる向きがあります。しかし、警察が黒人を意図的に狙い撃ちにしているかといえば、それはないでしょう。基本的に黒人のほうが犯罪率が圧倒的に高いので、必然的に、犯罪捜査の過程で薬物違反も見つかり摘発される確率も高まるということではないでしょうか」

2020年、フロイド事件に対する抗議行動で、警察が事実上職務を停止した都市はその後、先ほど紹介したミネソタ州ミネアポリスを始め、前年と比較してことごとく殺人件数の急増に見舞われている。たとえば、オレゴン州ポートランドは60%増、ワシントン州シアトルは41%増である。シアトルはフロイド事件の後、極左アンティファが率いるデモ隊が街の中心部を暴力的に占拠して、6月中旬にパリ・コミューンよろしく、警官のいない「キャピトル・ヒル自治区（Autonomous Zone）」を作り上げた。しかしこの「自治区内」で殺人事件が相次いだため、占拠していた人々は撤退を余儀なくされた。

「新左翼の父＝マルクーゼ」直系のラディカリズムの系譜

ＢＬＭの正体を知るため、もう一度カラーズの著書に戻ろう。

彼女は、50歳の若さで亡くなった父への思いを綴る。

「一体誰が父の運命、黒人の運命、例えば、父が被った苦痛、被害、損失、不公平さなどを償ってくれるのか」

「ただただ使い捨てできるクズのような人間だと決めつける国家に育ったことに、どういう弁明が成り立つだろうか。社会の一員として価値を認められないということはその人間にどういうインパクトを及ぼすだろうか。与えられることがなかった欠落するものの存在〔安定した家庭、食べ物の詰まった冷蔵庫、毎年の誕生日パーティ、褒め言葉、学校で何かを学ぶという設定を当たり前のものと考えること、大人からの励ましのアドバイス、などなど〕によって生じる損害はどうやったら測ることができようか」

恵まれない家庭に育ち、成人してからも報われることが少なく、幸薄い人生を終えた彼女の父。娘として、父の無念に同情するその気持ちはよくわかる。

だが彼女は、国、そして社会が、不遇だった父の人生の責任を負え、償え、損害賠償をしろと言っているのである。安定した家庭、食べ物の詰まった冷蔵庫、毎年の誕生日パーティ、

褒め言葉……、こんなものまで、国が面倒を見ろと主張しているのだ。

これはもう、彼女が途方もなく〝大きな政府〟を求めていると解釈していいだろう。単なる社会福祉政策の拡充ではなく、共産主義国家の実現を願っているということだ。

私は、手取り足取り、国民のために何もかもをあつらえてやろうと公約する政治が、現在の弱肉強食の資本主義社会よりもましな社会を作れるとはとうてい思えない。

そもそも、生身の人間それぞれの人生を政治がすべて丸抱えすることなど不可能だ。国家や政治にできるのは、「機会の平等」を保障することで、「結果の平等」を保障することではない。

それに、この〝大きな政府〟の試みはすでに失敗している。持たざる者を救済するという〝崇高な〟理念のもとに建設された世界最初の社会主義国家ソビエト連邦は、理念とはまったく裏腹に、夥《おびただ》しい同胞の命を奪う恐怖政治が猛威を振るい、経済を破綻《はたん》させたあげく、自由を求める人々の声に押され、国自体が瓦解してしまった。

毛沢東率いる中華人民共和国も、「大躍進」の美名のもと、何千万もの農民を餓死させた。カンボジアのポルポト政権は、農村を主体にした原始共産主義を国民に強要して、医者や教師などのインテリを始め、約100万人の無辜《むこ》の人々を殺戮した。

20世紀にユートピアを作り出そうとした共産主義の理念は、逆にディストピアを出現させてしまったのである。２０２１年現在、世界に現存しているマルクス主義を基礎とした社会主義国は、中国、ベトナム、キューバ、北朝鮮、ラオスの5カ国のみと認識されている。

また、西欧の社会民主主義においても、例えば、揺りかごから墓場までというスローガンが定着したイギリスの社会福祉政策は、結局国民の間の労働意欲を喪失させ、お上への依存体質を肥大化させた結果、１９６０年代以降、「英国病」という長い停滞の時代を生んだ。

カラーズやガーザはまだ30代の若い世代である。とはいえ、まさかこうした事実を知らないとは思わないが、前掲書には、彼女は、入学したチャータースクールで、特に社会正義の概念や活動に焦点を当てたプログラムを選び、南アフリカのアパルトヘイトや中国の共産主義などについて学んだとある。人物では、19世紀後半から20世紀前半に活躍した有名な無政府主義者、エマ・ゴールドマンの著作を読むなどしたようだ。

なお、チャータースクールとは公立だが、市の教育委員会とは別に、独自の運営組織と予算をもって子供たちの教育に当たる初・中等の認可校。社会活動や、科学系、芸術系など、ある特定の分野に絞ったカリキュラムの提供が特長である。

カラーズは大学を卒業後、コミュニティ・オーガナイザーとして活動していた時期にその存在を知った「ストラテジーセンター（後述）」という組織に出入りをし、毛沢東、マルクス、レーニンなどを読み漁《あさ》ったという。

アリシア・ガーザもまた、彼女の著書『世界を動かす変革の力　ブラック・ライブズ・マター』に、カラーズと同様、コミュニティ・オーガナイザーとして活動し、大学時代にマルクス主義を学んだとある。

意外なことに、ガーザによれば、当時はマルクス主義が第三世界の解放闘争において有力な武器になったことも、ブラジルや南アフリカ、ベトナムの貧困層が、社会を変革するためにその理論を活用したことも知らなかったという。

また、「実際は多くの人々が社会主義の考えを支持しているが、長年の保守派からの暴力的な攻撃を経て、社会主義は悪いことだと信じるよう仕向けられてきた」という。

貧富の格差が広がり、べらぼうに高い授業料や奨学金に呻吟《しんぎん》する学生の増加などで、社会主義が支持される素地はできている。若い世代ほど社会主義に全く抵抗がないのだ。民主党左派で、2回大統領選挙の予備選に出たバーニー・サンダースの支持者に学生が多いのもそれを裏付けている。

倒すべきターゲットは、白人、男、キリスト教徒、異性愛者

2016年に米国で行われたある調査では、ミレニアル世代（1980〜1995年に誕生）

の３２％がなんと、旧ソ連スターリン体制下より、イラク戦争を始めたブッシュ（子＝ジョージ・Ｗ・ブッシュ）元大統領時代の米政権下のほうがたくさん人を殺していると回答しているという。いや、冗談ではないのだ。ソ連が崩壊してから年月が経ち、社会主義の悲惨な記憶が薄れている、あるいは学校でも家庭でも全く正しく伝えられていないということも、こうした迷回答の背景にありそうだ。

ちなみに、カラーズとガーザが務めていたコミュニティ・オーガナイザーとは、前出の早川氏の説明によれば、ソウル・アリンスキーという共産主義者が考案した、表向きＮＧＯのような存在で、社会的弱者を支援するという名目のもと、アメリカ社会を左傾化することを真の目的としているという。なお、オバマ元大統領も親共産主義に傾いており、１９８５年からシカゴでこのコミュニティ・オーガナイザーを務めていた。ただ彼の場合は、ガーザたちより比較的穏健で、社会に受け入れられやすい活動を行っていたとされる。

「私は、ＢＬＭとは露骨な暴力革命の一形態だと思っています。米国ではそもそも、赤狩り（レッドパージ：１９４８－５０年代前半にマッカーシー上院議員が行った、公職からの共産主義者たちの追放）の時代からアメリカ共産党に対するイメージはすごく悪いので、コミュニズムという言葉は公には出せなかった。だからこそ、住民運動に見せかけたコミュニティ・オーガナイジング運動などで、地道に人々に浸透を図っていたのです。ところがＢＬＭは、

もはやその本性を隠していない。今の米国でそれが許容されてしまうところがこわいのです」（早川氏）

アリシア・ガーザは、1章で少し紹介したイタリアの共産主義者・アントニオ・グラムシの理論を詳しく研究している。彼の有名な理論に、「文化へゲモニー論」がある。「ヘゲモニー」とは、本来は「覇権」という意味だが、**グラムシのいう「ヘゲモニー」とは、国家の中の支配集団による知的、道徳的、政治的な指導権**を意味する。

支配集団が指導権を確立する際は、必ずしも暴力で強制するのではなく、従属集団の合意を巧みに取り付ける方法を取る。すると国民は進んで国家の支配に従うようになるというものだ。

アメリカにおけるヘゲモニーは、**白人、男性、キリスト教徒、異性愛者**だとガーザはいう。**彼ら多数派の価値観こそが常識を作り、その常識に従わない者は抑圧される。だからBLM運動は彼らを敵認定し、彼らからヘゲモニーを奪うことを運動の目標にしているのだ。**

前世紀に社会主義革命を成就させた国が真っ先に何をしたのかといえば、貴族、資本家、地主、富農といった支配階級の殲滅《せんめつ》である。全財産は没収され、追放、流刑され、生存権さえ奪われた。

今日、BLM運動がめでたく成就した暁にも、似たような光景が待ち受けていると思われる。ＢＬＭが勝手に支配層として認定した白人、男性、キリスト教徒、異性愛者たちがとんがった三角の帽子を被せられ、吊るしあげられ、自己批判を強いられる。今の米国の常軌を逸した状況を見ていると、そんな現代の文化大革命が、決して誇張ではなくすぐそこに迫っているように感じられる。

ＢＬＭは、ブラックパンサー党をそっくり受け継いでいる

ＢＬＭとはそもそも、過去のどのような運動体や人物から影響を受けて誕生したのだろうか。そのルーツを紐解《ひもと》いてみよう。

まず、カラーズの前掲書の序文が、アンジェラ・デイヴィスによって書かれていることがポイントだ。アンジェラ・デイヴィスといっても、わが国では、極左勢力以外、その名を知る人はほとんどいないだろう。

彼女は、黒人ラディカリズムの歴史をそのまま体現したような古参の活動家で、現在もカリフォルニア大学サンタクルーズ校の名誉教授。元アメリカ共産党員で、１９６０年代〜１９７０年代に黒人解放闘争を展開した急進的政治組織・ブラックパンサー党の初期のメンバーでもあった。その彼女がいま、ＢＬＭ運動の理念の基礎を作ったパイオニア的な

人物のひとりとして、再び脚光を浴びているのである。

ブラックパンサー党（ＢＰＰ）については説明が必要だろう。

１９６７年創立の同党は、共産主義と民族主義を標榜《ひょうぼう》して、黒人解放のための革命を提唱し、黒人たちに武装蜂起を呼びかけた。マルクスやエンゲルス、レーニン、スターリン、チェ・ゲバラなどの思想から影響を受けていたが、とりわけ毛沢東に心酔した指導部は、後に中国を訪問している。

ブラックパンサー党は、当時の黒人社会を、アメリカ帝国主義によって搾取される第３世界、植民地と見なし、アメリカ帝国主義と敵対関係にあった北ベトナム、南ベトナム解放戦線、北朝鮮、キューバといった国々に連帯の意思を表明していた。

驚くのは、ＢＰＰが１９６６年に完成した「10箇条の政策綱領」が、それから約50年を経て誕生したＢＬＭ運動の主張、理念と多くの点で重なることである。

また、ＢＰＰとＢＬＭとの共通点は、運動論の部分でも多くある。

たとえば、国内の他の被差別民族であるアメリカインディアンやプエルトリコ移民、中国系移民などの権利擁護団体、さらにプアホワイト、過激派学生など白人の急進左派勢力と共闘して、反差別、反戦平和闘争を闘った点や、女性解放を目指すフェミニスト団体や、同性愛者の人権を主張するゲイ解放戦線とも連帯。現在のＬＧＢＴ運動の前身ともいえる組織を支援していたのである。

　こうした、被差別民族や少数民族、フェミニストやＬＧＢＴなど、社会の周縁に追いやられている人々を横断的に束ねて共闘する運動を、まさに今、ＢＬＭも行っている。

「インターセクショナリティ（交差性）」という理論で、「ジェンダー、セクシュアリティ、人種、階級は、相互に複合的な関係性が存在している」として、それを〝交差性〟と呼ぶ。この交差性を手がかりに、各カテゴリーの中の少数派、被差別者を糾合して、変革、つまり少数派革命の主体にしようと目論《もくろ》んでいると思われるのだ。

　この理論の成立には、カリフォルニア大学の教授であったアンジェラ・デイヴィスこそが大いに寄与している。

　デイヴィスはまた、ＢＬＭが、警察や刑務所を廃絶せよと訴える「アボリショニズム」（前述）を最初に提唱した先駆者でもある。彼女はその著書『監獄ビジネス――グローバリズムと産獄複合体』（岩波書店）の中で、刑務所の民営化が、収容される囚人の数を倍増させ、所内のレイシズムをより激しくさせていると主張している。

　２０２０年６月、ニューヨークで開催されたＬＧＢＴ関連のオンラインイベントにゲストとして出演したデイヴィスは、「ご自身の属性を自己紹介してもらえますか？」という問いに、次のように答えた。

「私は共産主義者で、進化論者で、国際主義者で、反人種主義者で、反資本主義者で、フェミニストで、黒人で、クィアで、アクティヴィストで、親労働者階級で、革命家で、知的コミュニティ構築者です」

ちなみに今アメリカでは、自分は「クィア」だとか、「ゲイ」だとか、「レズビアン」だとか、「トランスジェンダー」だとか称するのは、クールな（かっこいい）こととされているようだ。デイヴィスが本当にクィアなのかどうか確かめようがないが、アリシア・ガーザ、パトリース・カラーズも、自分はクィアであると称している。

「クィア」と言うのは実に便利な言葉である。もともとは、同性愛者に対する侮蔑《ぶべつ》語、日本語にすると「ヘンタイ」というようなニュアンスがあったようだが、現在では、LGBTだけでなく、LGBTに含まれない性的少数者をも広範に含む肯定的な総称になったのだそうだ。

自分はレズビアンであるとかゲイであるとか、具体的に名乗らなくてすむので、漠然とクィアであると自称している分には、嘘をついていることにはならない。また、彼らの性的指向というのは決して不可逆ではなく、わりと短期間で変化するようでもある。

この二人についても真実はよくわからないが、カラーズについては、著書を読むかぎり、男性パートナーとの間に子供を産んでいる。現在は同性パートナーと暮らしているようだが、少なくとも単なるレズビアンというわけではなく、バイセクシュアルなのだろうか。

アンジェラ・デイヴィス、マルクーゼに出会う

アンジェラ・デイヴィスは、1944年、南部アラバマ州バーミンガムの生まれである。学業が大変優秀だったデイヴィスは、マサチューセッツ州のブランダイス大学でフランス語を専攻する。その後、パリのソルボンヌ大学で交換留学生として学んだ後、ブランダイス大学に戻って専攻を哲学に変更。当時同大学で教鞭《きょうべん》を執《と》っていたフランクフルト学派の哲学者、ヘルベルト・マルクーゼに師事した。

彼女の自伝を読むと、当時マルクーゼが学生たちから並々ならぬ尊敬を集めていたこと、彼女が意を決してマルクーゼに面会を申し込み「哲学をやりたい」と告げると、「ソクラテス以前の哲学から始めるべきだ」とアドバイスを受けたこと、以後、彼の主宰する討論会に出席するようになったことなどが綴られている。

マルクーゼが直々に教える哲学史は、無味乾燥な哲学概論の講座よりはるかに面白かったという。

その後、哲学の修士課程でフランクフルト大学に留学するが、アメリカに戻り、カリフォ

ルニア大学サンディエゴ校に移っていたマルクーゼを追って、同大学で修士号を取得している。

デイヴィスが、マルクス主義とブラック・ラディカリズムを信奉して活動家となり、さらに自らもその過激思想を学生に教える教育者となった背景には、当然ながら彼女がこのフランクフルト学派のマルクーゼの直弟子であったことが大きい。

フランクフルト学派とマルクーゼについては1章でも解説したが、彼らが提唱した文化マルクス主義を、アンジェラ・デイヴィスは直々に学んでいたのである。

マルクーゼはまた、有名な論文集『純粋寛容批判』において、左翼の進歩主義には寛容に、保守主義には徹底して不寛容であるべきと説き、１９６０年代～１９７０年代に一世を風靡した学生革命＝新左翼運動の父と呼ばれたとも書いたが、アンジェラ・デイヴィスは、まさにこの学生革命を担った若者たち（日本で言えば全共闘世代＝団塊の世代であり、アメリカで言えばベビーブーマー）より少しだけ上の世代に当たる。

その彼女が、ある事件によって、アメリカ国家からテロリストと認定される。

逃亡者一転、冤罪のヒロインとなる

デイヴィスは、1960年代後半から、カリフォルニア州ソルダッド刑務所に収監されていたジョージ・ジャクソンという黒人死刑囚の支援を行っていた。ところが、ジャクソンの弟のジョナサンが1970年8月、兄の釈放を要求して、カリフォルニア州のサン・ラファエル地方裁判所を仲間とともに襲撃し、検事1人を人質に立てこもるという事件を起こす。結局、1人を除いて、人質の検事ともども他の全員が射殺されたのだが、この襲撃の際に使用された銃が、デイヴィスのものだったのである。

彼女は、殺人、誘拐、共謀の容疑で起訴され、さらにFBIにより10大最重要指名手配犯の1人とされた。彼女は2カ月間、アメリカ国内を逃亡したが、ついにニューヨークで逮捕され、16カ月を拘置所の独房で過ごした。

ところが、ここで体制側にとっては予期しないことが起こった。

彼女自身がすでに刑務所問題に取り組む活動家として著名な存在だったため、「フリー・アンジェラ」と称して、彼女の解放を求める運動が全米のみならず、世界中で巻き起こったのだ。

ジョン・レノンやローリング・ストーンズは彼女に捧げる歌を作り、アレサ・フランク

BLM の源流——
ヘルベルト・マルクーゼとアンジェラ・デイビス

上：ヘルベルト・マルクーゼが1968年5月に招かれたベルリン自由大学で学生たちに演説をしているところ。学生たちはマルクーゼが会場を去った後、校章に火をつけて燃やしたという〔写真：AP/アフロ〕。下：死刑制度反対集会で演説するアンジェラ・デイビス（1974年7月・ノースカロライナにて）〔写真：GRANGER.COM/アフロ〕。

リンが「彼女の保釈金を支払う」と名乗り出たことは、当時の有名なエピソードである。

そして、当時のソ連にも「フリー・アンジェラ」運動が伝播し、ソ連国内で誰も知らない者がないアメリカ人となった。共産主義者で、しかも冤罪を訴えているとなれば、「腐敗したアメリカ資本主義体制の犠牲者」としてかっこうの広告塔になったというわけである。

こうした国際的な救援運動が功を奏したのか、彼女は1972年、殺人、誘拐、共謀すべての罪で無罪を勝ち取った。

その後デイヴィスは1974年に自伝を執筆。1975年には教育現場に復帰し、サンフランシスコ州立大学などいくつかの大学で教鞭を執った後、1991年から2008年までの17年間、カリフォルニア大学サンタクルーズ校の教授を務め、現在は同校の名誉教授であることは前述のとおり。

おそらく終生、共産主義者であり革命家であり続ける彼女が、暴力についてどう思っているのか、その本音が垣間《かいま》見えるインタビューが残っている。

1972年、前述の事件で拘置所に収監されていた時、白人のインタビュアーから暴力を正当化するのかと問われて、「黒人がどんな目に遭ってきたかを知らない人に、暴力の行使を認めるか否か聞かれるなんて、信じがたい」と、抑えた怒りを漏らしたのだ。

こうして、マルクーゼの直弟子だったデイヴィスらが、フランクフルト学派の革命理論を継承し、発展させ、「インターセクショナリティ」「アボリショニズム」の理論を完成させ、黒人、女性、LGBTなどを革命の主体に据えようとする綿密な理論を構築した。

これらの理論を、まさに全米の路上で実践したのがBLMだったのである。

マルクーゼ、グラムシ→アンジェラ・デイヴィス→BLMというラディカリズムの直系の系譜がつながった瞬間である。

「制度的人種差別」と「批判的人種理論」

彼らがことあるごとに主張するのが「制度的《システミック》人種差別《レイシズム》（Systemic Racism）」という概念である。彼らの著作を読むと必ず出てくるこの言葉に、私は最初惑わされた。

ここまで彼らが繰り返し告発することならば、必ずその具体例があるはずだ。「彼らは、それらの差別を実際に見聞きし、あるいは体験し、確認したからこそ主張できるのだ」と思っていた。

ところが、彼らはただ、全米のあらゆる制度、組織には人種差別があらかじめ組み込まれている、と繰り返すだけなのである。それなら、その証拠を出してほしい。私は、彼らの著作を読みながらイライラした。例示されている具体例を探そうと必死になった。

だが、結局、初めから答えなどなかったのである。

米国は白人至上主義の国であり、社会全体に制度的人種差別が深く組み込まれているというのが、彼らにとっての有無を言わさぬ常識であり、自明の理なのである。**そこにエビデンスは必要ない。**

現在、米国で物議を醸《かも》している**「批判的人種理論《クリティカル・レイス・セオリー》（Critical Race Theory）」**も、この「制度的人種差別」と深くリンクしている。

「アメリカには機会の平等がある。誰でも努力すれば成功できるのがアメリカンドリームでした。ところがこの批判的人種理論は、こうしたアメリカンドリームを真っ向から否定し、有色人種はどんなに努力しても成功しない。人種的少数派は搾取の対象にすぎないとする考え方です。これを、政府機関の職員だったり企業が『多様性訓練』として広めたり、米軍や学校教育の場にまで浸透させようとしています」（早川氏）

アメリカ社会がこうした理論の通りに動いているなら、邪悪なアメリカ国家そのものを根底からぶっ壊さない限り、黒人を始めとしたマイノリティは永久に浮かばれないというわけだ。革命理論というか、完全にアナーキズムの理論である。

ガーザやカラーズ、デイヴィスの人生観、価値観は、要するに、この2つの理論に染め抜かれているのだ。**だから、カラーズの父親が惨めな人生を送ったすべての責任はアメリ**

カ国家にあるのである。見事な公式的見解だ。
しかしこわいのは、これが対岸の火事ではないことだ。この自虐的な「批判的人種理論」「制度的人種差別」をわが国に当てはめようとする動きがいま、左翼学者の間にあるのである。日本社会の中の日本国籍を持つ多数派を、あたかも米国における白人のように見なし、「自分は差別なんかしていない」という人たちに対し、自分たちが持っている優位性や特権に思いを致すよう促す。そして、自分たち多数派が無意識のうちに、そうでない人を抑圧し、構造的な差別を行っていることに自覚的であろうと呼びかけるのである。

はっきり言って、日本人は戦後ずっと十分自虐的であり続けた。このうえ、こうした理論を当てはめることで、左翼学者たちは一体何をしたいのか。

毎日勤勉に働き、特権などとは縁もなく、在日の人たちやその他の少数派に対して差別した覚えもない普通の善良な日本人に無理やり、贖罪意識を負わせるのが目的なのか。

そうして、韓国の慰安婦問題に一切物申してはならない、中国、韓国、そして在日の人々に、未来永劫謝罪をし続けなければいけないとでもいうのだろうか。

これは洗脳に等しい行為である。多数派というだけで、謂《いわ》れのない原罪を背負わされてはたまらない。

こうした発想は、北朝鮮の身分制度も思い起こさせる。北朝鮮は認めていないが、多くの脱北者たちの証言によれば、国民一人ひとりが厳密に「土台」とか「成分」と呼ばれる身分・階級に分類されているようだ。

それが何によって決定されるかというと、親のかつての地位・職業なのである。最悪なのが、地主とか富裕な農家、資本家、親日・親米家、企業家や商人といったエリート出身階層。親がそうだったから「敵対階層」で「成分が悪い」と称され、軍への入隊や進学、就職など人生のあらゆる場面で厳しい制限と差別を受け続けるのだという。

まえがきで紹介したパク・ヨンミさんも言っていたことだが、「すべての人の平等のために階級をなくそうと社会主義を始めたはずなのに、北朝鮮では逆に、とても厳密な階級が50も形成されている」ということだ。何と皮肉なことだろう。

なぜ、アメリカの左翼は毛沢東が大好きなのか？

アンジェラ・デイヴィスと同様に、BLMに大きな影響を与えた人物がもうひとりいる。先に、カラーズは大学卒業後、「ストラテジー・センター」という組織に入り、毛沢東、マルクス、レーニンなどを読み漁り学習したと書いた。

この「ストラテジー・センター」というのは、日本語に訳すと「労働社会戦略センター」

とでも呼べる組織で、創設者はエリック・マンという男である。カラーズはこの男から直接、訓練（おそらくマルクス主義の勉強のための手ほどき）を受けたという。だが、このエリック・マンこそ、アメリカにおける共産主義革命を夢見るテロリストだったのである。

ベトナム戦争反対の機運が高揚していた1960年代〜1970年代当時、「民主的社会を求める学生」（SDS）と呼ばれる団体があった。これはアメリカ最大の反体制学生組織だったが、ここから、毛沢東思想に感化された最左翼の学生たちが分派して、**「ウエザーマン」**（後に「ウエザーアンダーグラウンド」）という、テロ実行を公言する過激派組織を結成。折から進行中だった中国の文化大革命やフランスの5月革命を目の当たりにして、世界同時暴力革命をリアルに志向した。

そして、70年代初頭から中期にかけて、全米各地で、政府機関や警察、軍をねらった爆弾テロを行った。エリック・マンはこの「ウエザーマン」の一味であり、彼自身もハーバード大学でテロ活動をし、警官に対する殺人未遂などで逮捕され、18カ月間の懲役を受けた人物である。

同組織は主に白人学生の集団だったが、同様に毛沢東思想に影響を受けたブラックパンサー党とも共闘し、白人が建国したアメリカという国家や歴史、価値観の全てを根底から覆す運動を全米各地に広めようとした。

なにやら、現在、全米で起きている不穏な動きを髣髴《ほうふつ》とさせるが、BLMはあたかも、左翼活動が最高潮に達したこの1960〜70年代の再来を望んでいるかのようである。

現在のBLMの背後にいるのは、2つの毛沢東主義組織

BLMが毛沢東思想の流れを汲んでいることはすでに紹介したが、その具体的なルーツについて、「世界日報」編集委員の早川俊行氏が解説する。

「1960年代〜1970年代に毛沢東主義に染まった活動家を中心に、『自由の道社会主義組織』（FRSO）という極左組織が85年に結成されました。この組織は、後にFRSOと『解放の道』（LS）の二つに分裂しますが、BLMを背後で扇動しているのは両団体です。

毛沢東主義の代名詞といえばゲリラ闘争ですが、彼らは今、米国の路上でこれを繰り広げています。BLMを立ち上げた3人の若い黒人女性は民衆を率いる自由の女神のように扱われていますが、3人ともそれぞれ、LS傘下の別のフロント組織で活躍していたことから、毛沢東主義者とみて間違いないでしょう」

しかし、一体なぜ今、毛沢東思想が、あたかも地下茎《ちかけい》が土中深く張り巡らされたかのよ

うに、米国社会を侵食しているのだろうか？

ジェイソン・モーガン麗澤大学准教授はこう言う。

「そもそも米国の大学教授の間で、毛沢東主義の基本信条である「大衆による暴力革命」は広く受け入れられています。私の指導教授も毛沢東のことを大好きだと言っていた。なぜなら、**毛沢東はそれまでの中国社会の伝統、普遍的な枠組みをすべて破壊したヒーローと見られているからです**」

一方で、ＢＬＭの関連組織に、中国マネーが流れ込んでいる明確な証拠もある。

「アリシア・ガーザが設立した『ブラック・フューチャーズ・ラボ』（ＢＦＬ）という組織は、全米中国人団体『華人進歩会』（ＣＰＡ）が資金提供するプロジェクトです。ＢＦＬのウェブサイト内の寄付金を募るページには、このことが明記されています。

ＣＰＡは、過激な毛沢東主義組織『アイウォーケン』（ＩＷＫ）によって72年にサンフランシスコで設立され、中国系住民に革命思想を植え付けることに力を入れてきた団体です。ボストン支部は２０１９年、中国建国70周年を記念して、ボストン市庁舎内で中国旗を掲揚するイベントを開催しましたが、このイベントは在ニューヨーク中国総領事館と連携して行われており、中国共産党と密接な関係にあることがわかります」（早川氏）

米国の弱体化を画策するＢＬＭ活動家は、中国共産党にとってすでに偉大な〝同志〟、いや、下部組織なのであろうか。

銃規制をして喜ぶのは誰か

BLM運動を眺めていて、日本人の私がどうにも解《げ》せないのが銃の問題である。前述したように、警察官による黒人の被害者が多いのは、警察機構そのものに制度的人種差別が組み込まれているからだというBLMの主張は、事実として正しくないようだ。

ただし、全米で警官によって射殺される犠牲者の数は、人種を問わず夥《おびただ》しい数に上る。2019年には1004人が命を失っている（前述）。それにもかかわらず、警官が裁判で有罪になるケースはまれであり、依然、職務中の警官には大きな権限が与えられている。それは偏《ひとえ》にアメリカ中に銃があふれ、警官が危険な場面に遭遇するケースが多いからだ。

それならなぜ、BLMは銃規制に取り組まないのか。「黒人の命が大事だ」というなら、警察や監獄を廃止する前に、まずは銃の撲滅を叫ぶべきではないのか。

しかし彼らは現実に、一言も銃の問題に触れない。

それはつまり、暴力によるアメリカ社会の転覆を願っているBLMだからこそ、逆に武器を手離したくないからではないか。一人ひとりの黒人の命より、体制変革のほうが大事なのではないか。そうだとしたら大いなる矛盾ではないか。私はそう考えた。

だが、銃社会アメリカの現実は私の単純で浅薄な想像をはるかに超えていた。一口に銃規制といっても、一筋縄でいかない厄介な事情を、山中泉氏が説明してくれた。

「銃規制をしても、自衛のために銃を所持している一般人だけがこの規制の対象になってしまう。犯罪者たちはすでに大量の銃を所持しているので、実は銃規制などなんとも思わない。結果、彼らはさらに銃犯罪を犯しやすくなり、一般人はますます命を脅かされる事態になる」

すでに銃が行き渡りすぎているのだ。

東京新聞（2021年5月8日付）のインタビューにオンラインで応じたニューヨークの警官・ジョゼフ・インペラトリス氏も同様なことを述べている。

「事件の多くは違法な銃で起こる。（合法に取得された）銃への規制を厳しくしても、悪者を追い払うことはできない」

BLMについては、「善意で始まった運動だと思うが、警察が悪いという思想には反撃する」「（警察には）人種差別の問題はない。黒人やヒスパニック系は人口割合以上に犯罪に関与している」と主張し、現場の警官は、肌の色とは関係なく取り締まりを遂行しているだけだと強調。

バイデン大統領が議会で、不正な取り締まりが疑われる警官の責任を追及しやすくする法案成立に意欲を示すなど、警察改革を求める声が強まっていることに対しては、「大都市では互いを撃ち合っているような状況で、犯罪が制御不能になっていることを政治家たちは理解していない。警察から力を奪うようなばかげたことはやめなければならない」と憤《いきどお》った。

アメリカ黒人の成しえた偉業

しかし、米国の左翼も日本の左翼も、いったいいつまで黒人を、人種差別の絶対的被害者で社会の最底辺であるというステレオタイプに閉じ込めておきたいのだろうか。

ガーザやカラーズ、デイヴィスの著作、そして、ＢＬＭを賛美する関連本を読んで、最も強く違和感を感じたのが、「黒人はアメリカ社会の最底辺に呻吟《しんぎん》する哀れな弱者であり被差別者であり、法的に人間以下の、無能力でクズのような存在に置かれている」と、繰り返し繰り返し書かれていることだ。

「圧倒的な数の黒人は公民権運動の時代よりはるかに広範囲な、経済、教育、収監における人種差別を受けています」（『アンジェラ・デイヴィスの教え』河出書房新社）

１９６４年の公民権法制定、ジム・クロウ法の撤廃以降は、「法的に人間以下」とか、「法的に不平等」ということはないはずだし、「圧倒的な数の黒人が公民権運動の時代より人種差別を受けている」というアンジェラ・デイヴィスの言葉も理解しがたい。

それなら、バラク・オバマが、米国初の黒人大統領に選出されたことをどう評価するのか。米国社会が人種差別をまた一歩乗り越えたことのなによりの証ではないか。

もちろん、白人至上主義社会を徹底的に批判し、これをぶっ壊そうとする過激派にとっては、人種差別の酷さ、黒人の被害者性をことさら強調する必要がある。それがある種の方便であることはわかるが、それにしても、決めつけがひどすぎないか。

「世界日報」編集委員の早川氏は、米国滞在中、ジョージ・メイソン大学特別教授で、保守派コラムニストとしても活躍する黒人のウォルター・ウィリアムズ氏にインタビューしている。早川氏の、「米国には構造的な人種差別が存在し、黒人はその犠牲者だという主張が根強くあるが」という質問に、ウィリアムズ氏は明快にこう答えている。

「ナンセンスな主張だ。私は２０１１年に書いた『人種と経済学』という本で、米国の黒人社会を1つの国家と仮定した場合、2008年の統計でその国内総生産（GDP）は世界第18位の国家に相当すると指摘した。米国の黒人は、ポーランドやベルギー、スイス、スウェーデンより裕福ということになる。これは目覚ましい進展である。１８６５年に南

北戦争で黒人奴隷が解放された時、1世紀余りで黒人の地位がここまで向上するとは、誰が想像しただろうか」

米国に住むことのアドバンテージ

このウィリアムズ氏の話から、私は、米国の黒人奴隷解放運動の歴史の中のある出来事を思い出した。

19世紀初め、黒人奴隷を彼らの故郷であるアフリカに移住させる運動が起こった。選ばれたのが、現在のアフリカ西北部リベリアに当たる地域である。1816年から1892年までにこの地に移住した解放奴隷は約2万2000人。彼らは「アメリコ・ライベリアン」と称されるが、その中の一人、ジョセフ・ジェンキンズ・ロバーツにより、1847年、リベリア共和国として独立もした。

ところがこのリベリア建国の祖である「アメリコ・ライベリアン」は、米国での奴隷生活を通じて自らが〝文明化された〟と信じており、現地人を未開の野蛮人として差別していた。一方、現地人は現地人で、彼らをアフリカの文化を知らない黒い白人として軽蔑していた。両者の対立は、実に1980年、アメリコ・ライベリアンの支配が終わるまで続いたという。

奴隷として迫害と差別に耐えてきた人々が、自らを〝文明化された〟と考えて、もともとのアフリカ人に対し優越感を抱く。不愉快な話だが、差別されている者が、さらに自分よりも下位の弱者を差別するという構図は、人間社会にはありがちなことである。というか、すべての差別構造の基本はそこにある。

しかし私には、当時の黒人たちが、米国に住むことのアドバンテージをそのように認識していたことのほうが興味深い。ただそうすると、なぜわざわざその米国を離れたのだろうかという疑問が起こる。これは推測だが、彼らにとってはおそらく、先祖の地に帰るというより、未開地に入植して現地人を啓蒙し使役し、そこから富を得るという目的があったのではないか。

現在の米国在住の黒人についていえば、アフリカに帰りたいという人間はまずいないだろう。ウィリアムズ氏も主張するように、黒人がここまで豊かになったのは、疑いなく米国という国に住んでいるからこそである。

一方BLMは、口を開けば、黒人は常にこの帝国主義国家において疎外され、周縁に置かれ、弱者であったと主張する。だが、ウィリアムズ氏が言及した国内総生産の話でもわかるとおり、アメリカ国民の一員として立派に「祖国」の繁栄に貢献していた事実もあるのである。このことを、彼らはもっと誇るべきではないか。

マルクス主義者である彼女たちにとっての「自由」とは

カラーズやガーザ、デイヴィスらはやたらと「自由」という言葉を多用する。しかし、マルクス主義者である彼女たちにとっての「自由」とは、いったいどんなものなのか。

マルクス主義思想を基礎にした社会主義国家に、いわゆる市民的自由が全くないことは、誰でも知っている。しかしデイヴィスらは、マルクス主義者であるがゆえに、基本的人権としての自由権が制限されているキューバ、中国、北朝鮮、ベトナムなどを批判することは一切ない。

彼らが執拗に非難するのは、そうした社会主義国に比べてはるかに豊かな自由があるはずの「祖国アメリカ合衆国」であり、「過去に広大な植民地を所有していたヨーロッパの国」であり、そして、「パレスチナ人を迫害しているイスラエル」である。

デイヴィスの書いたものを読むと、彼女が主張する自由とは、まず、資本主義国から自由になることであり、その資本主義国家米国の新たな奴隷制度であると称する監獄、刑務所から、全ての囚人が自由の身になることのみを自由と称しているのだろうと解釈できる。

日本でも着実に輪を広げているBLMの活動

このBLMのパンフレットは、東京都内にある外国人留学生を多く擁する大学で配られていたもの。多様な国籍・民族の学生のためを思ってのことだろう、総ルビで、とても丁寧に心を込めて編集されている。人種差別の歴史や解放史について、日本で黒人が暮らし、結婚することに伴う困難や幸福についてなど、考えさせられることも多い。その純粋な気持ちが、ある勢力によって、日本社会分断のために利用されないように祈りたい。

彼女たちにとっての自由とは、きわめて恣意的な、注釈付き、鍵カッコ付きの「自由」なのだ。

ここに来て、米国民のBLMへの支持は最盛期より減少している。急増する犯罪を受けて、警察への予算削減や停止を要求するBLMの主張が、国民に、治安に対する不安を呼び起こしているからだ。

ミネアポリス市は、2021年3月12日、前年5月に警察官に取り押さえられて亡くなったジョージ・フロイド氏の遺族に2700万ドル（約29億円）の和解金を支払うことを決定した。

そして、その同じ3月、BLM創始者のひとりであるカラーズが、ロサンゼルスの白人居住区に4軒もの豪邸を購入していたことがわかった。総額320万ドル（約3億5000万円）にもなる資金の出どころがどこなのか、疑惑が生じている。

ところで、世界的テニスプレーヤーの大坂なおみ選手は、BLM運動が盛り上がっていた2020年8月、出場した全米オープンの試合のたび、異なる名前が入ったマスクをつけて登場した。黒いマスクに白ヌキ文字で記《しる》されていたのは、警察官の暴力によって犠牲になった黒人たちの名前だという。勝ち上がっていくたびそのマスクの注目度は上がる一方で、7枚目のマスクをつけた決勝戦でも彼女は勝利を収め、見事に2度目のチャンピオンとなった。

日本では、「スポーツに政治を持ち込むな」と、評判はあまり芳しくなかったが、ウエスタン・アンド・サザン・オープンを「私はアスリートである以前に黒人女性です」と宣言し、準決勝を前に棄権した彼女にとっては、純粋な差別反対の表明以外の意図はなかったのだろう。

そこへにわかに持ち上がったカラーズの疑惑は、純粋に運動に心を寄せた大坂はじめ多くの人々を失望させることになったのではないか。現在彼女はうつ病の影響で競技から遠ざかっているという。

BLM運動に関しては、「沈黙」することは人種差別を容認し、加担することを意味すると捉えられてしまう。そのことで、大坂選手がこれ以上苦しまなければいいが、と思う。

ここで再び、山中泉氏の言葉を紹介する。

「BLMの暴動により、25名の警官が死亡し、2000名の警官が負傷した。総被害額は2000億円に上る。これらの数字がすべてを物語っている。人種差別反対をいかに叫ぼうが、彼らがテロリストであることは間違いない」

山中氏はこう言い切った。

4章

ＬＧＢＴを“弱者ビジネス”にしようとする人々

当事者たちに訊《き》く
――「新潮45」廃刊事件再考

ＬＧＢＴ――この15年で、その認知度はどう変わったのか

日本に、アメリカ由来のＬＧＢＴという造語（概念）が輸入されたのはいつ頃だろうか。現在では、Ｌはレズビアン、Ｇはゲイ、Ｂはバイセクシュアル、Ｔはトランスジェンダーという説明さえ不要なほど、多くの人々がこの言葉を認知している。

なお、ＬＧＢＴという表記は古い、今はＬＧＢＴＱであるべき、いやＬＧＢＴＱ＋であるべきという声があるが、そんなことを言っていたらきりがない。なぜなら、ＬＧＢＴ以外の特殊な性的指向を持つ性的少数者ははるかにたくさんいるからだ。それを全部加えたら、それこそ寿限無寿限無……のように際限がなくなってしまう。よって、ここでの表記は、凡例のとおり、ＬＧＢＴに固定することとする。

認知度がアップした理由としては、当事者であることをカミングアウトしたＬＧＢＴ活動家たちが次々に「虹色《にじいろ》ダイバーシティ」、「ＬＧＢＴ法連合会」、杉山文野氏（前出）が共同代表を務める「東京レインボープライド」など、ＬＧＢＴ関連の団体を設立したことも関係しているだろう。

立憲民主党や日本共産党、さらにメディアを味方につけて、「日本にはこんなにわれわ

れへの差別がある」「日本は欧米に比べてＬＧＢＴへの理解が遅れている」「欧米と同様、同性婚を認めろ」「同性婚がダメならまず、結婚に相当するパートナーシップ制度を全国の自治体は導入せよ」「トランスジェンダー女性は女性だ。女子トイレに入る権利がある」等々と主張し、アッと言う間に人権問題化させて社会を揺るがせているからでもある。

しかし当初、この言葉は、現在とはちょっと違った立ち位置でマスコミに登場している。大宅壮一《おおやそういち》文庫で検索してみると、少なくとも一般雑誌においてＬＧＢＴという言葉が初めてお目見えしたのは、２００６年11月27日号の「AERA」である。

翌年、「宝島」や「日経ビジネス」と続くが、それぞれの見出しを見ると、「眠れるＬＧＢＴ市場を覚醒させよ」（「AERA」）、「『ＬＧＢＴ』は『LOHAS』『ちょいワル』に続く新たな消費ターゲット」（「宝島」）、「巨大市場『ＬＧＢＴ』とは　年間６兆６０００億円、同性愛者の国内市場」（「日経ビジネス」）とある。

意外なことに、今まで可視化されることのなかった同性愛者のライフスタイルや消費行動に注目して、一大消費市場を開拓し、新しいビジネスチャンスを狙おうという主旨の記事ばかりだった。そしてＬＧＢＴとは何かを説明しつつ、ちょっと珍奇な新手のコンシューマーといった意味合いで彼らを紹介していたのだ。

だがそもそも、こうした同性愛者が日本にどのくらいいるのかもはっきりしなかった当時、彼ら特有のライフスタイルや消費動向を把握することは難しく、結局、一大消費市場も幻想に過ぎなかったのか、こうしたビジネス関連記事は徐々に消えていった。

その後はだんだん、欧米のＬＧＢＴを取り巻く状況の報告、日本の当事者にスポットライトを当てた記事にシフトしていき、ＬＧＢＴ差別の問題、マジョリティの常識に包囲されて生きづらい当事者の告白などが大きくクローズアップされ、深刻で重苦しい記事が増えていく。

日本社会は、もともとゲイやレズビアンを差別してこなかった

私自身がこの造語を知ったのは、それほど昔のことではない。

ただその時私は、この造語そのものより、「ＬＧＢＴ差別」という概念に意外な感を抱いた。いわゆる同性愛者に対する差別というのが、人種差別や民族差別、女性差別などと同等に、社会問題として成り立つという事実にびっくりしたのだ。

突き詰めれば、単に性的指向が多数派とは異なるという極めて私的な問題に過ぎないのに、それを人権問題化することに違和感を覚えたのである。端的に言うと、差別という言葉になじまない気がしたのだ。

キリスト教の価値観が長く社会を支配してきた欧米では、ソドミー法によって、同性愛者がすなわち犯罪者や精神病者として扱われてきたことから、当然、彼らに対する偏見や差別も激しいものがあり、ヘイトクライムも珍しくなかった。

欧米の同性愛者たちにとっては、自分たちは明白にホモフォビア（同性愛嫌悪）の被害者であるという自覚があり、そのため、自ら差別撤廃運動に立ち上がったのである。

欧米各国では現在、同性婚を合法化する国が増えているが、それは欧米社会が、同性愛者をこれまでいかに差別し迫害してきたかを反省し、その贖罪《しょくざい》意識から、急転直下、同性婚を認めるまでに突っ走った結果といえる。

同性愛者に対する処遇を巡り、欧米の社会は、極端から極端へと振れ幅が大きいのだ。翻《ひるがえ》って日本の場合、歴史を紐《ひも》解いても、同性愛者を反社会的と見なすような法律も存在せず、したがって、組織的な迫害も目立った差別もなかった。むしろ彼らは、日本の伝統文化や芸能の中にごく自然に包摂《インクルード》され、しかもその中でもひときわ異彩を放つ存在であった。

例えば、美輪明宏《みわあきひろ》氏やカルーセル麻紀《まき》氏などは、かなり昔からメディアに露出してきた。

今から50年以上前、小学校4年生だった私は、教室で給食の時間に、担任教師がつけたテレビをみなで見ていたのだが、そこに、若くて美しかった丸山《まるやま》明宏氏（当時は美輪姓ではなく丸山姓だった）が登場した時のことをよく覚えている。私たち子供には、彼が男性なのか女性なのか判別がつかず、みなでじーっと見入ってしまったが、誰かが「あっ、喉《のど》のところが出っ張っているから男だ！」と言った。喉仏のことである。「あっ、ほんとだ」と全員が納得した。

私たち子供の目に、彼が異形《いぎょう》の人に映ったことは確かだが、クラスの悪童連中の誰ひとり、彼を「気持ち悪い」とも、「おとこおんな」とも言わなかった。

そうした寛容な日本社会に、突如、欧米から黒船のごとくＬＧＢＴなるものが上陸。次々に名乗りを上げたＬＧＢＴ活動家は、日本社会にもＬＧＢＴ差別が存在すると主張して、日本社会に性的多数派と少数派との対立軸を「人工的に」構築し、差別解消のための施策を国や地方自治体などに要求するという流れになったのである。

加えて、活動家のこうした活動を強力に後押ししたのがマスコミである。

マスコミは目新しいもの、物珍しいものに飛びつく。とはいえ、時期尚早だと取り上げられない。かなり以前、性同一性障害の人たちの存在が知られ始めた当時、私はそういう人たちが存在することに驚き、実際にそのうちの一人に取材して、ある媒体に記事化を打診したが、見向きもされなかった。

その後、この性同一性障害の問題は、マスコミで大きく報じられるようになっていくが、当時は、あくまで個人的で特異な精神的な問題とみなされ、まさかそれが後に、「差別問題」につながっていくとは、当時、誰も予測できなかったのである。

翻ってこのLGBTに関しては、おそらくこの頭文字を寄せ集めた造語が印象的でキャッチーだったこともあってか、マスコミはまもなく、大々的に報じることになった。

だが、LGBTという言葉が、活動家によって「差別」と結びつけられた時点で、深く掘り下げた視点を期待することは逆に難しくなった。下手に批判的な言説を行うと、差別だと糾弾されてしまうからである。

いつからホモやオカマが差別語になったのか？

もとよりマスコミは、差別が、人権が、弱者が、と主張する当事者や圧力団体の主張には決して抗《あらが》わない。とことん寄り添い、彼らの主張をそのまま書く。

国や政府、自治体の方針、政策にはカミツキガメのようにことごとく食らいつき、何でもかんでも反対を貫く批判精神は、こと〝被害者・弱者事案〟となると全く影をひそめてしまう。

本来は、欧米由来のこのイデオロギー臭の強い概念を、土壌の全く異なる日本にそのまま移植することには、議論があってしかるべきだった。ところが、欧米ですでに大きなムーブメントになっている、しかも人権問題である、これは世界の潮流になる、乗り遅れてはならじ。おそらくこんな程度の認識で、ある日突然、「LGBT差別反対」キャンペーンが始まったのだ。

だが、繰り返すが、日本にはそもそも、社会の注目を集めるような同性愛者に対する悪質な差別事件は起きていなかった。ましてヘイトクライム（憎悪犯罪）となると、ほぼ皆無である。その中で、2015年に「一橋大学ロー・スクールでのアウティング転落死事件」が起きると、LGBT活動家は色めき立ち、マスコミはこぞって報道したが、言い換えれば、取り上げるべき実例がこれぐらいしかなかったからである。

しかも、この事件、調べてみると、差別事件といえるかどうかさえ非常に微妙なのである（事件については5章で詳述する）。

並行して、それまで男性同性愛者を、ホモだとかオカマだとかゲイと言っていたのが、ホモやオカマは差別用語であり、「ゲイ」と言うのが正しい、また、女性同性愛者を指してレズと言うのは蔑称で、「レズビアン」と言わなければならない等々、彼らの名称にも厳しい縛りが加えられるようになった。

こうした変化に接するたびに私が思い出したのは、日本最大のゲイタウンといわれた東京・新宿2丁目のゲイバーに通っていた30数年前の頃のことである。

ゲイバーのママたちは、なにしろ女性客に容赦がなかった。しかし、ポンポン投げつけられる毒舌が小気味よく、ママのオネエ言葉に茶々を入れて時には叱られ、それでも楽しく彼らと酒を酌《く》み交わしていた。頭の回転の速い人がとても多かった。

年を経るにつれて、そうした場所からもだんだん遠ざかっていったのだが、そんな折に耳にはさんだLGBT活動家の主張に、ママたちの顔が浮かんだ。

活動家の言葉に従えば、ゲイバーのママたちも、私たち性的多数派から差別されてきた弱者ということになる。ゲイであるがために、人生の様々な場面で、理不尽な目に遭《あ》い、辛い思いをしてきたのだろうか。

もちろん私は彼らの客に過ぎず、友人でもなく、彼らの内面に立ち入ったこともない。軽々しく他人の人生に対して、ああだこうだと決めつけるのは僭越《せんえつ》なことだろう。

だが彼らは少なくとも、その特異な立場を逆手にとって、それで商売を成り立たせている人たちである。活動家の言うような、差別されたかわいそうな被害者・弱者といったステレオタイプにはどうにも重ならず、なんだかモヤモヤした気持ちになったというのが正直なところである。

ぶっちゃけ、これからは、「なによブス！」と言われて、「なによオカマ！」と応戦すると差別になっちゃうんだなあ、まあ、それだけ時代が変わったんだな、などとちょっぴり感慨にふけった程度で、そのうちこのことは忘れてしまった。

ところが、それからまもなく、私自身がＬＧＢＴ差別問題に向き合わざるをえない事態に遭遇した。日本有数の老舗出版社、新潮社を揺るがせた、いわゆる「新潮45休刊」事件である。

この雑誌に時々ルポルタージュを寄稿していた私は、編集長とも比較的近い関係だった。そのため、にわかに起こったこの騒動に巻き込まれる形になった。

政治は、生きづらさという主観を救えない——小川論文の波紋

２０１８年８月号の同誌に、「『ＬＧＢＴ』支援の度が過ぎる」と題して掲載された自民党所属国会議員の杉田水脈《すぎたみお》氏の論文が「ＬＧＢＴ差別だ」として、激しい批判が巻き起こった。

問題になったのは、同性カップルを念頭に置き、「彼ら彼女らは子供を作らない。つまり『生産性』がない。そこに税金を投入することが果たしていいのかどうか」と、行政による支援を疑問視した箇所であるとされる。特に、「生産性がない」という言葉が一人歩

きしてゆき、既存メディアから、「ナチスの優生思想と同じだ」「相模原《さがみはら》の障害者殺傷事件の犯人と同根の恐ろしい考えだ」とまで拡大解釈され、ＬＧＢＴ活動家や当事者、支援者を含めたデモ隊が、自民党本部を取り囲む騒ぎになった。

しかしこの騒動は、この時点ではまだ序の口だった。

編集部が、これらの批判に反論する特集を10月号で行い、これが杉田水脈論文以上に大炎上した。原因は、杉田氏を擁護した文芸評論家、小川榮太郎《おがわえいたろう》氏の「政治は『生きづらさ』という主観を救えない」という論文である。

私は、事の本質を捉えたいいタイトルだと思った。ただ内容は難解で、一読しただけではあまり頭に入ってこなかった。しかし、何回も読むうちに、その言わんとしていることは、今までさんざん書き散らされた薄っぺらなＬＧＢＴ翼賛記事とは真逆であることがわかった。

少なくとも、きれいごとでしか語られなかったＬＧＢＴについての生々しい部分が抉《えぐ》り出され、この曖昧でよくわからない概念を疑い、それへの根源的な問いかけがなされていると思った。小川氏自身、評論の第一の仕事は、こうした概念のうさん臭さを吟味することだといっている。

ＬＧＢＴ法連合会事務局が発表した「性的指向および性自認を理由とするわたしたちが

社会で直面する困難のリスト」というものがある。これは、LGBT当事者であるがゆえに日常的に経験する辛さや困難、不快な事例を一つ一つ論《あげつら》ったもので、第3版の現在ではなんと354もある。

いくつかの事例を挙げてみよう。

・「学校で使う教科書に性的指向や性自認に対する配慮がなく、自尊感情が深く傷ついた」
・「学校のパソコンルームや図書館のパソコンのフィルタリングサービスが不適切なため、性的指向や性自認に関する困難へ対応する支援団体や相談窓口の情報へアクセスできなかった」
・「高校を卒業して社会に出たが、同性との性行為での性感染症についての予防方法などは高校で習わなかった。その後、HIVに感染した。また、検査が無料だということも知らなかったので、発見も遅れた」
・「トランスジェンダーの学生が教職員を目指す際に、自認の性別での教育実習の受け入れがなされなかった」
・「性自認が見た目の性別とは違って見えたため、公衆浴場、温泉、女性用下着の試着室などのサービスや商品が利用できなかった」

・「『男女のみ募集』という求人のため、性別への違和感を理由に応募できなかった」

これらの日常的な「困難」の解消のために、LGBT法連合会は法整備、施策の推進を国に求めてゆくのだという。

小川氏は、これに対して次のように言う。

「こうして『困難』をリスト化して社会に同調を強要し、法整備を求める思想は、最後は『わたし』が直面する困難からの保護を、全構成員が行政や法に求めることに、理論上繋がる。狂気である。

政治は個人の『いきづらさ』『直面する困難』という名の『主観』を救えない。いや、救ってはならないのである。

個人の生――性――の暗がりを、私たちはあくまで個人として引き受けねばならない。その暗がりに政治の救いを求めてはならず、政治もまた同調圧力に応じてふわふわとそうした動きに寄り切られてはならない。

（中略）

政治の役割は生命、財産、安全のような、人生の前提となる『条件』を不当な暴力から守る事にある。

大きな政府論だろうと小さな政府論だろうと、この大原則は揺るがせてはならない。なぜならば、それは苦痛や生き難さも含めた人生の私的領分という尊厳を権力に売り渡す事に他ならないからだ」

「LGBT法案」に賛成できない理由

私は、小川氏のこの主張に全面的に賛同する。

LGBT法連合会は、事務局がまとめたこうした日常的なあらゆる「困難」のすべてに、国や自治体が積極的な対処をすべきと主張している。それはつまり、小川氏の言うように、国家の権力でもってこれらの「差別」を取り締まれということであり、LGBT法連合会が最終的に望むのはおそらく、罰則付きの「差別禁止」なのだろう。

しかしそれは、2007年~2008年に議論されて問題になった「人権擁護法案」と同様の危険性がある。

そもそも人権侵害の定義が曖昧《あいまい》なため、法律化されれば、恣意《しい》的な運用、つまり、拡大解釈がいかようにも可能であることが懸念され、この法案は結局廃案となった。

LGBTへの差別についても、何が差別かがはっきり定義されていない今の状況で禁止法案が可決されれば、それこそ、「困難」リストにあるような事柄がすべて差別として糾弾され、訴訟が乱発し、「加害者」とされた人々に対する逆の意味での差別、人権侵害が発生する。もはや、ＬＧＢＴについて自由に語ることが禁止され、言論の自由が奪われる事態になる。

いや、現実はもうすでに、ＬＧＢＴタブーの世の中が成立しつつある気もする。

基本構図としては、ＢＬＭのリーダーたちが言う「制度的人種差別」と同じ言い分で、どこまでも拡大解釈が可能になる危険性がある。おそらく**ＬＧＢＴ法連合会なども、制度的人種差別の理論を意図的に援用し、ここに適用しているのではないか**と感じる。

話を戻そう。小川氏の論文が大きく炎上した原因は、実は別のところにあった。

小説や評論文には比喩やレトリックがつきものだが、小川氏のそれはあまりに強烈だったからである。特に物議を醸《かも》したのは次の部分である。

「ＬＧＢＴの生き難さは後ろめたさ以上のものなのだというなら、ＳＭＡＧの人達もまた生きづらかろう。ＳＭＡＧとは何か。サドとマゾとお尻フェチ（Ass fetish）と痴漢（groper）を指す。私の造語だ。ふざけるなという奴がいたら許さない。ＬＧＢＴも私のような伝統保守主義者から言わせればふざけた概念だからである。

満員電車に乗った時に女の匂いを嗅いだら手が自動的に動いてしまう、そういう痴漢症候群の男の困苦こそ極めて根深かろう。再犯を重ねるのはそれが制御不可能な脳由来の症状だという事を意味する。彼らの触る権利を社会は保障すべきではないのか」

すると、一読した人々が、「ＬＧＢＴと痴漢を同列に論じている」「痴漢の触る権利を認めろといっている」などと、頭から湯気を出さんばかりに激怒し、「ＬＧＢＴへの差別を許さない」と書かれたプラカードを持ったデモ隊が新潮社の社屋を包囲する事態となった。

そして、唐突に「新潮45」の休刊が発表されたのである。

この10月号が発売されて、わずか1週間後のことだ。

まさか休刊になるとは思ってもいなかった私は、大きなショックを受けた。そんな私のもとに、産経系のオピニオンサイト「IRONNA」の編集部から、渦中の編集長の人となりを中心に今回の騒動について書いてほしいという依頼があった。

私はこのサイトにも時々記事を提供しており、編集部は、私が「新潮45」でも仕事をしていることを知っていたのだ。

私は数日考えた末、了承し、次の文章を寄稿した。

なお、当時の文章にわずかに加筆訂正を行っている。タイトルは、IRONNA編集部がつけた。

〈「新潮45」最後の編集長、若杉良作《わかすぎりょうさく》さんへ。

２０１８年９月25日。36年にわたりわが国の言論界の一翼を担った月刊誌が唐突に、あまりにも唐突にその歴史を閉じた。わが国屈指の文芸出版社・新潮社が発行していた「新潮45」である。このほんの１カ月前まで、この事態を想定した者はいなかっただろう。

私は同誌に17年ほど前から寄稿している。始めて執筆したのは確か、自ら企画して持ち込んだ「狂言犯罪」についてのルポルタージュである。この時の担当者が、今回の騒動で奇《く》しくも最後の編集長になってしまった若杉良作氏である。当時は「新潮45」の一編集者だった。

彼とはこの時からの付き合いである。いつも原稿を丁寧に読み込んでくれ、適切なアドバイスをくれた。

今回のことについて、日頃から編集長に近いところにいた者として思うところを書こうと思う。

8月号で、「生産性」の記述を巡り杉田水脈氏の論文が炎上した。確かにマイノリティを巡る論においてこの言葉を使うのはいささか配慮を欠いたとは思う。しかし、だからといって、この3文字をあえて切り取って本人を執拗に糾弾、攻撃し、彼女の所属する自民党の建物の周りを大勢で取り囲んで「議員をやめろ」とシュプレヒコールをし、本人への殺害予告、家族の脅迫まで飛び出す事態に至るのは、どう考えても異常である。

批判も反論ももちろんあっていい。しかしあくまで言論の場にとどめるべきだ。

ここまでの騒ぎになったのは、杉田議員が科学研究費の問題で左翼教授を追及したり、慰安婦問題でも国連に乗り込んで、いわゆるクマラスワミ報告の撤回を訴えるなど、保守派として活発に活動していたことが影響していると思われる。

つまり、日頃から彼女の活動を苦々しく思ってきた左翼界隈が、ここぞとばかり彼女を叩くとともに、安倍政権批判にまでもっていきたかったのだろう。その証拠に、自民党本部前の抗議デモは最後には、「安倍やめろ」の大合唱となった。

政治家であるからには、一部の国民をないがしろにするような発言は良くないという批判もあった。だが政治家だからこそ、少子化という、国家にとってまさに喫緊の課題に取り組む必要があり、どこに支援の重点を置くか、その優先順位を説明するために「生産性」という言葉を使ったのだと思う。

しかし、休刊の決定打となったのは、10月号に掲載された反論企画、「そんなにおかしいか『杉田水脈論文』」が、杉田論文以上に猛烈な批判を浴びたからである。

ゲイの当事者2名を含む7名の論文のうち、大きな物議を醸したのは、文芸評論家・小川榮太郎氏の「政治は『生きづらさ』という主観を救えない」という一文であった。

その中に、「痴漢の触る権利も認めろ」というくだりがあったと、またこの部分だけ抜き出して猛バッシングが始まったのである。しかし全文を通して読めば、文芸評論家特有の逆説的で皮肉を効かせた表現であり、問題となった部分ももちろんレトリックにすぎない。

小川氏は、『弱者』を盾にして人を黙らせるという風潮に対して、政治家も言論人も、皆非常に臆病になっている」と言う。

LGBTに対しては、この欧米由来の概念が胡散《うさん》臭いと説く。欧米のキリスト教世界で、同性愛者はつい最近まで宗教的異端者とされ、刑事罰の対象であった。イスラム世界ではいまだに同性愛を禁じている。

あのイスラム国に至っては、見つかり次第即刻殺害されていたのである。

対して日本では、歴史上、彼らに対してそのような差別は一切なく、かなり寛容であった。そのわが国に、欧米のムーブメントをそのまま輸入することへの疑問を呈しているのだ。

今回の執筆陣の一人で、ゲイを公表している元参議院議員・松浦大悟《まつうらだいご》氏によれば、「国際レズビアン・ゲイ協会」は国連に加盟するに当たり、これまで共に活動してきた「米国少年愛者同盟」を切り捨てたという。変えられないセクシュアリティを持つという点では、ゲイも少年愛も同じだそうだ。

つまりは、特殊な性的指向のどこまでを公に認めて支援の対象にするか、その線引きが恣意的になされているわけで、ＬＧＢＴという概念があいまいなままであることがわかる。

その松浦氏は、論文発表後、朝日新聞の取材に答えて、杉田氏の文章には間違いもあったが、彼女を差別主義者だとは思わないと言っている。

また、もうひとり、ゲイをカミングアウトしているかずと氏も杉田氏の主張に反対せず、ＬＧＢＴのうちＴの一部を除いたＬＧＢは社会的弱者ではない、Ｔの一部以外は社会的支援は必要ないと書いている。

当事者二人がこのような主張をしているのである。「差別だ！」と決めつける人たちが彼らの論文をどう読んだのか、ぜひとも聞いてみたいところである。

休刊前後の話に戻る。私はこの10月号が大炎上しても、まさか休刊はないだろうと見ていた。もちろん不安にはなったが、「新潮45」の編集者から、「休刊も編集長更迭もない」とはっきり告げられており、編集長からは、次の仕事の依頼も来ていたからだ。

ところが10月21日の夕方、事態が動いた。

それまで静観の構えだった社長が、異例の声明を出したからだ。

「あまりに常軌を逸した偏見と認識不足に満ちた表現が見受けられた」

ああこれは、編集部ははしごを外《はず》されたな、そう思った。そして、3日間の連休を経た25日の夕刻、休刊が決まった。

午後5時頃、編集長直々に私の携帯に連絡があった。

「休刊になりました」

抑揚のない沈んだ声に、

「今までお疲れさまでした」

私もただそう返事をするしかなかった。

社長の異例の声明と休刊に至る背景には、新潮社が抱えている作家や文芸評論家たちの執筆拒否を盾にした抗議があったからである。

作家たちは自らを絶対の正義の側にいると見なしているのだろう。結局同社は、彼らの圧力に屈したのだ。

私は若杉氏と長い付き合いとはいえ、彼のプライベートを知らないし、仕事に関しても、編集部内がどうなっているのか、編集方針や企画立案についても知る立場にない。私が語ることができるのは、あくまで彼の一部、記事を共同で作り上げる編集者としてだけである。

「そんなにおかしいか『杉田水脈論文』」の7名の執筆者のうちの一人である藤岡信勝《ふじおかのぶかつ》氏

がIRONNAで、編集者としての彼の仕事ぶりを称賛している。これは全くその通りである。

彼はライターが仕事をしやすいように、極力バックアップを惜しまない。

企画が通り、一つのテーマを割り振られると、すぐさま必要な資料を過不足なく用意してくれる。その資料を読み込む中でさらに、「ここのところの資料がないかな」とつぶやくと、すぐに、これもどこからか探し出して届けてくれる。

かなり遠方の地方取材などにも可能な限り付き添ってくれた。二人で厳寒の秋田で何時間も、北朝鮮による拉致被害者の実行犯とみられる人物の張り込みを続けたことは、今となっては貴重な思い出だ。ああ、この人は心底雑誌が好きなんだな。雑誌の持つパワーを信じている。そう思わせる熱意を感じた。だから編集実務においても一度としてミスはなかった。彼にまかせておけば安心だった。

なんだこのゴマスリは。そう思われるかもしれない。だが、いまさら彼にゴマをすったところで何も出てこない。彼はもはや何の力も持っていないのだ。だから私は本当のことを書いている。

私は彼の名前でネット検索することはしていないが、今回の事件について調べているといやおうなく、同誌で仕事をしていたと思しき人たちが、彼の過去暴きをしているのに出くわす。水に落ちた犬を叩く行為だ。そしてその多くがデマである。

「噂の真相」の後継を謳う、なんとかいうニュースサイトがある。今回の事件について、いかにもこれが「真相だ」とばかり、新潮社の社員（?）にこう語らせている。

「若杉良作編集長は右派思想の持主でもなんでもない。上の命令に従順に従うタイプ。最近のネトウヨ路線も、売れ行き不振の挽回策として、担当取締役の酒井逸史《さかいはやと》氏から命じられていた感じだった。酒井取締役は元『週刊新潮』の編集長でイケイケタイプですからね。10月号の擁護特集も酒井取締役が事前にGOを出している。会社は役員が読んだのは発売当日になってからという意味のことを言っていたが、そんなわけがない。少なくとも酒井取締役は事前にゲラを読んでいると思いますよ。それどころか、『ここで反論すれば売れる』と企画そのものを焚きつけた可能性もある」

まったくのフェイクニュースだ。これでは編集長はロボットか木偶《でく》の坊である。

そもそも新潮社には、互いの編集権には干渉しないとの不文律があり、各編集部は完全に独立している。役員があれこれ指示することもないし、第一、編集部は人手不足で、部外者が事前にゲラをチェックする時間的余裕もない。

このニュースサイトは結局、責任は一編集部などにはなくもっと上のほうにある。社長以下、社員全員で土下座でもしろと言いたいのだろう。

ここでも触れているが、16年9月号から若杉編集長が就任以来、「新潮45」は極右路線、過激路線に大きく舵を切ったという批判がある。そしてこの路線を突っ走った挙句に、今回の〝差別事件〟を引き起こしたというのだ。

しかし、新潮社の報道姿勢は本来、いわゆる〝新潮ジャーナリズム〟という言葉があるくらい、偽善を嫌い、建前の裏に潜むどす黒い本音を抉り出すというものだ。「新潮45」も例外ではない。間違っても、ポリティカル・コレクトネスを忠実に守る左派的な優等生雑誌ではなかった。

確かに部数低迷は深刻な問題だっただろう。しかし、誰が編集長を引き受けても、この状況に歯止めをかけるのは無理だったと思う。若杉編集長がこれをどのくらいプレッシャーと感じていたかはわからない。ただあれこれ試行錯誤をした結果、ある程度手ごたえをつかんだのが朝日新聞批判であり野党批判だったということだ。そもそも朝日叩きなどは「週刊新潮」のお家芸であり、それが系列雑誌に移行したにすぎない。

編集長自身は、戦後民主主義に対する懐疑派であり、自身の思想信条を曲げて、売り上げのために〝悪魔に魂を打った〟なんてことは間違いだ。

ただし彼は、右派も左派もぶっ飛ばすユニークな言論で売り出し中の評論家・古谷経衡《ふるやつねひら》氏や、「安倍政権の本質はカルトである」と主張する哲学者の適菜収《てきなおさむ》氏をも重用する柔軟性を持ち合わせている。他の連載執筆陣にもリベラル派がいる。

つまり読者は、特集で、安倍政権を持ち上げる言説を読んだ後、連載執筆陣の安倍叩きを読まされるわけで、極端に走ったといえるほどの紙面構成には実際はなっていない。

それだけ言論に幅があるとも、過激さが中和されるともいえるが、中途半端であることは否《いな》めない。その点で、右派論客で固められた「月刊Hanada」「WiLL」などには売り上げで及ぶべくもなかった。

またある評論家が、「かつてはノンフィクション路線の雑誌で取材費もかかったけど今のやり方なら取材費ゼロ」などと訳知り顔で語っているが、もしそうなら、ノンフィクション専門の私などとうにお払い箱になっている。

編集長がノンフィクションにも力を入れる姿勢は全く変わっていなかった。私はつい最近まで同誌でルポを何本も書いている。時間も金もかかる厄介なテーマだったが、編集長は取材費にまったく上限を設けず、あらゆるサポートを惜しまなかった。

杉田水脈論文が掲載された8月号にも、福島県における子供の甲状腺ガン多発のタブーに切り込んだ「放射線不安を煽って生まれた福島『甲状腺がん災害』」（筆者＝上條昌史《かみじょうまさし》）という良質なルポを掲載している。残念ながら反響はさほどなかったようだが、こうした意欲作さえ、あの〝ヘイト雑誌〟に載ったというだけで葬り去られるとしたら全く残念である。

しかし、今回のことで編集長に物申したいこともある。結局「新潮45」は雑誌としてL

GBTの問題をどう捉えているのか、編集部の見解を聞く機会がなかったことだ。10月号で、「そんなにおかしいか『杉田水脈論文』」を掲載した際、7名の論文の頭に堂々と、「編集部はこう考える」という一文を掲げるべきだったと思う。

私事で恐縮だが、私は、若い頃から10年ぐらい前まで、よく新宿の2丁目に通っていた。常連の店が何軒もあった。すべて店を仕切っていたのはゲイのママである、彼女（彼？）たちの毒舌を聞くのは刺激的で楽しく、こちらも負けずに舌戦に加わった。でもとても仲が良かった。

今振り返ってみて、彼らは弱者であろうか。支援が必要な差別の被害者であったろうか。もちろん、生きていく上でつらいことも多かったとは思う。しかし彼らはたくましく生き抜いていた。おそらく自分を弱者だと思ったことはないだろう。結局みな同じ人間ではないか。

ちなみに私も、杉田氏流に言う「生産性がない」人間である。結婚もしない、子供も持たない私は、彼らと飲み交わすうちに、互いの持つ孤独感に似通ったものを感じ、全く勝手な連帯感を抱いたこともあった。

杉田水脈氏の論文が「差別文書」として事実上封印されてしまった以上、今後LGBT支援を巡る意見交換はしにくくなるだろう。誰も「差別者だ」と糾弾されたくないからだ。しかしそういう状況が、LGBTの当事者にとって良いこととは思われない。

「今回の弱者は、たった1万6000部しか発行していない、不当なバッシングに対抗するすべもない『新潮45』と、当事者なのに全く意見を汲み取ってもらえなかった俺ら普通の性的マイノリティだよ」

こんなツイートが私の目に留まった。

私は、「新潮45」で仕事ができたことを誇りに思う。〉

「支援の度が過ぎる」というのは、朝日新聞に対する批判だった

ところで、前掲の原稿に書き忘れていたことがある。

当時、『LGBT』支援の度が過ぎる」という杉田水脈氏の論文のタイトルについて誤解した人が多かった。

文中で問題になった箇所、「LGBTのカップルのために税金を使うことに賛同が得られるものでしょうか。彼ら彼女らは子供を作らない。つまり『生産性』がないのです。そ

こに税金を投入することが果たしていいのかどうか」

この部分ばかりが取り上げられて批判されたために、タイトルの『『ＬＧＢＴ』支援の度が過ぎる」の支援とは、国の予算とか税金、つまり公金を支出してＬＧＢＴを支援することであると思った人が多かった。

しかも、その支援の度が過ぎるとなっているので、「いや実際、ＬＧＢＴのために国は何の予算も計上していない、ほとんど金を出していないでしょう、うそを書くな」とこれまた批判されてしまったのである。

まあこれは、編集部のタイトルの付け方が紛らわしかったからでもあるが、正しくは、「朝日新聞などマスコミの支援の度が過ぎる」という意味である。

物議を醸したこの「新潮45」２０１８年8月号を実際に手に取ってもらえばわかるのだが、「日本を不幸にする『朝日新聞』」という大きなテーマがあり、７人の著者がこのテーマに沿って、７人７様の朝日新聞批判の記事を書いている。

杉田論文は実はこの7本の記事のうちの1本であった。

彼女の論文を全て読めば、前半部分で、朝日新聞や毎日新聞がいかにＬＧＢＴ関連の記事を量産してきたか、１年間の件数が具体的に述べられ、それについての批判がある。

ちなみに、先の文章中、私が良質なルポとして紹介した「放射線不安を煽って生まれた福島『甲状腺がん災害』」も、このテーマ「日本を不幸にする『朝日新聞』」の中の1本であった。

小川榮太郎氏の例の論文についても、もう少し詳しく論じたい。前述したが、この論文は、評論家や小説家などの知識人、ジャーナリスト、そして多くの一般人からすさまじい集中砲火を浴び、小川氏は、LGBTに対する差別者という烙印を押されてしまった。

確かに、大炎上した「痴漢の触る権利を社会は保障すべき」云々は毒舌が過ぎるという感じはする。ただもちろん小川氏は、字面《じづら》通りのことを主張しているわけではまったくない。よく読めば比喩に過ぎないことはわかる。

小川氏自身が、『月刊Hanada』2018年12月号で、その真意を次のように説明している。

「私が問題にしたのは、LGBT個々の人ではなく、LGBTというカテゴライズの恣意性であり、杉田論文炎上で明らかになったように、LGBTがすでにイデオロギー圧力になっている事態である。該当箇所は、こうした恣意的なイデオロギー圧力を安易に追認すれば、それはついに社会が痴漢やSMを公的に擁護する事態をも否定できなくなるという文脈で語られている」

「私の主張の根底には、性は究極的な個人性や暴力性の淵源《えんげん》であり、一人ひとりが己の性をマイノリティとして引き受ける他はないのだという思想がある。

だから私は、拙文では私自身のことをまずこう言っているのである」
〈私の性的嗜好も曝け出せば、おぞましく変態性に溢れ、倒錯的かつ異常な興奮に血走り、それどころか犯罪そのものであるかもしれない〉

性的嗜好や性衝動などというものは、本来は、それぞれの個人が内に秘めておく問題であり、自らがこれを引き受けざるを得ない。そこに法律が介在すべきでないという主張である。普段は国を批判しながら、こうしたきわめて個人的な問題まで全面的にお上に依存する左派の体質を、小川氏は、「苦痛や生き難さも含めた人生の私的領分という尊厳を権力に売り渡す事」であり、「あなたがたはそこまで権力が好きなのですか」と皮肉る。

そして、ここが特に重要だと考えるが、**性的少数者に対するわずかな批判に対しても、すべて差別だと叫ぶLGBTイデオロギーの圧力に従ってしまうと、ついには、従来の常識では考えられない事象や反社会的な行いまで認めざるを得なくなると主張している。**

残念ながらこの現象は、欧米ではすでに現実のものとなっている。

小川氏の論文については他にも、「性的指向」と書くべきところを「性的嗜好」と書いている。勉強不足だという批判があった。だがこの「性的嗜好」については、小川氏は意味を十分わかったうえでこの用語を選択している。

小川氏と同様、「新潮45」10月号で、杉田論文を批評した松浦大悟氏は、ゲイをカミングアウトしている元参議院議員である（前出）。松浦氏が、その後の小川氏との対談で、「性的嗜好と性的指向を分けたのは、世の中にわかりやすく伝えるためにあえて行った便宜上の分類にすぎず、嗜好と書いても問題ではない」と小川氏を擁護した。

「LGBTという概念について私は詳細を知らないし、馬鹿らしくて詳細を知るつもりもないが～」というくだりにも非難が集中した。「知らないなら書くな」というわけである。しかしこの独特の一文は、小林秀雄以来の文芸評論にしばしば登場する定型句といおうか、一つの常套句としてよく使われる表現である。

改めていうが、小川氏はLGBTについて、よくよく勉強したうえであの論文を書いている。

「7色の虹《にじ》」の如き、醜悪な謝罪

「新潮45」事件は、新潮社内部に内紛を巻き起こした。同社の若手社員を中心に、「新潮45」に抗議をし、編集長更迭を求める署名活動が行われたのである。さらに、同社文芸部のツイッターアカウントが、「新潮45」を批判する作家のツイッターをリツイートしたことから、同社内部からも同誌を非難する動きがあることが報じられた。

恐らくこの流れを反映したものだろう、「新潮45」の休刊が決まった直後、同じ新潮社の文芸雑誌「新潮」2018年11月号に、奇妙な謝罪文が掲載された。主要部分を引用する。


〈「新潮45」二〇一八年十月号の特別企画「そんなにおかしいか『杉田水脈論文』」について、小誌の寄稿者や読者から多数の批判が寄せられました。

同企画に掲載された「政治は『生きづらさ』という主観を救えない」において、筆者の文芸評論家・小川榮太郎氏は「LGBT」と「痴漢症候群の男」を対比し、後者の「困苦こそ極めて根深かろう」と述べました。

これは言論の自由や意見の多様性に鑑みても、人間にとって変えられない属性に対する蔑視に満ち、認識不足としか言いようのない差別的表現だと小誌は考えます。

このような表現を掲載したのは「新潮45」ですが、問題は小誌にとっても他人ごとではありません。だからこそ多くの小誌寄稿者は、部外者ではなく当事者として怒りや危機感の声をあげたのです。

文学者が自身の表現空間である「新潮」や新潮社を批判すること、それは、自らにも批判の矢を向けることです。

小誌はそんな寄稿者たちのかたわらで、自らを批判します。そして、差別的表現に傷つかれた方々に、お詫びを申し上げます（後略）〉

同誌の名編集長矢野優《やのゆたか》氏が、あとがきを丸々使い、「新潮45」編集部や小川榮太郎氏になり代わって（?）、読者に今回の事態を詫びているのである。

しかし、これは明らかな越権行為ではないか。小川氏は「新潮45」に依頼され寄稿したのであって、若杉編集長が詫びるのならまだしも、なんの関係もない「新潮」の編集長がなぜこのような声明を発表するのか。

矢野氏はさらに、次の「新潮」12月号において、「差別と想像力―『新潮45』問題から考える」と銘打った特集を組み、7名の著名な寄稿者に、今回の事件の批判をさせている。

矢野氏はこの特集の冒頭で再び11月号の編集後記の主要部分を引用し、「今回、『新潮45』問題を契機に、文芸誌として差別と文芸の問題について考えるため、本特集を企画した。七人の寄稿者による真摯な発言が、七色の虹のような言論の多様性を生むことを願う」と締めくくっている。

レインボーカラーはＬＧＢＴ運動を象徴する色である。しかしこれを拝借して、「七色の虹のような言論の多様性～」とは恐れ入る。

「差別の圧力」は、作家の想像力すら委縮させる?

で、さっそく7名の文章に目を通したが、そこに多様性はほぼない。「差別反対」のゴリゴリの人権意識にかられた優等生が書くような作文が掲載されているだけである。

「ほぼ」といったのは、哲学者である千葉雅也《ちばまさや》氏の、自身のツイッターを再構成してまとめた文章が面白かったからだ。彼はゲイ当事者を公言しており、その意味で、7名の中でだれ憚《はばか》ることなくもっとも自由奔放に本音を披露できるわけである。

千葉雅也氏と社会学者の岸政彦《きしまさひこ》氏を除いた5名は、いくつもの文学賞を取った錚々《そうそう》たる職業作家たちである。私が愛読している作家さんもいる。しかしここに披露されている道徳のお手本のような書きものと、彼らが奔放に想像の羽を広げて書いた創作物そのものとの間にはあまりに隔たりがある。

もちろん、評論と小説は大いに違う。ただ、一切の社会規範や既存の価値観、道徳から離れて、邪悪で融通無碍《ゆうずうむげ》でカオスそのもののような物語世界を創造しうる彼らが、ひとたび現実世界にコミットすると、こんなに畏まった物言いしかできないのかと拍子抜けしてしまった。

いつもは「常識を疑え！」などと言っている彼らが、この問題についてはなんら本質的な疑問を呈さない。彼らは、ＬＧＢＴイデオロギーを普遍的な価値と思い込み、これをいささかでも批判することは正義に悖《もと》ると思っているのだろう。やはり、「差別」の２文字は作家をも萎縮させるのだろうか。

読み進めると、ある純文学作家の一文に目が留まった。

ゲイ当人は、自分を「差別を受け続けている弱者」と思っているのか？

「擁護する者の発言として『私の知り合いのゲイの人はたくましく、今回の原稿を読んだ反応も……』というものも目にするが、そもそもそういう『タフさ』はその個人がその人生の中で獲得したものであり、それを差別の許容のあてにするな。勝手に弱いイメージを植え付けるのは当然良くないが、相手の差別への耐久性をいちいち測ってまで、そんなにしてまでわざわざ差別発言がしたいのか」

「たくましく」という言葉があるので、これは拙文のことらしいとピンときた。私は、「今回の原稿を読んだ反応も……」などとは書いていないが、今回の事件に関して、当事者に対し「たくましく」なんて言葉を使ったのは私ぐらいなものだからだ。

拙文「『新潮45』最後の編集長、若杉良作さんへ」の該当箇所を再度引用する。

〈私事で恐縮だが、私は、若い頃から10年ぐらい前まで、よく新宿の2丁目に通っていた。常連の店が何軒もあった。すべて店を仕切っていたのはゲイのママである、彼女（彼？）たちの毒舌を聞くのは刺激的で楽しく、こちらも負けずに舌戦に加わった。でもとても仲が良かった。

今振り返ってみて、彼らは弱者であろうか。支援が必要な差別の被害者であったろうか。もちろん、生きていく上でつらいことも多かったとは思う。しかし彼らはたくましく生き抜いていた。おそらく自分を弱者だと思ったことはないだろう〉

私がここで「たくましく」という言葉を使ったのは、前にも書いたが、2丁目でゲイバーを営んでいるということは、彼らは性的少数者であるということを逆手に取り、はっきり言えばそれを商売にして生きているということである。

それはなかなかに強《したた》かでたくましい。

そういう彼らを、差別されて可哀そうとか、弱者であるとか、彼らに一方的に同情し理解を示す「アライ」（ally＝そもそもの意味は「味方」。ＬＧＢＴ当事者以外で、彼らを理解・支援する人を指す）的な目で見ることは、かえって失礼であると思ったのだ。

ところが私は、この作家によってどうやら「差別者」と見なされてしまったらしい。もっとも私は私で、「たくましく」の一言に激しく反発する彼の口調に、一種病的なものを感じていささかびっくりしたのである。

で、私はこの作家の作品を早速一冊読んでみた。とはいっても、純文学の作家だけに内容は難解で理解できないところも多かったが、本筋とは別の（おそらく）原子とか分子の話は面白かった。

ただ気になったことがある。どぎついセックス描写がやたら多いのだ。それも、あらすじとあまり関係なく、とってつけたように濃厚な官能シーンが始まる。しかも、登場する女性たちに複雑な個性や人格が造形されておらず、揃いも揃ってセックスマシーンのようなのである。まあ村上春樹《むらかみはるき》を始めとして、純文学にはなぜかセックス描写がつきもので、野暮なことを言うなと叱られそうだが、私も一応女の端くれなので、さすがに気分が良くなかった。もしこれが小説でなかったら、今日日《きょうび》、読んだ女性にショックを与える、傷つけるという理由で女性蔑視と認定されてもおかしくない。

偏《ひとえ》に、芸術であるとされるからこそ、女性蔑視的な描写であってもほぼ１００％、表現の自由を担保されているのである。この作家には、自分自身はこの特権を享受する恵まれた身分であることを、少しは自覚してほしかった。

小川氏が、あれしきの表現で世間の猛批判にさらされたのは、なにかと制約の多い〝評論〟だったからに違いない。

ポリコレは、「本当の自由」を何より恐れる

だがいまや、ポリコレの猛威は、芸術さえも例外ではなくなっている。

たとえば、19世紀のマーク・トウェーンの名作『ハックルベリー・フィンの冒険』には、「ニガー」（黒人を指す蔑称）という言葉が200回以上出てくるため、現在では米国の学校で子供に教えられることはない。あの名作映画『風と共に去りぬ』も、南部で奴隷として働かされている黒人の描き方が問題だという理由などから、公の映画館で上映されなくなった。最近では絵画にも〝検閲〟が及んでいる。バルテュスというフランスの画家がいる。ピカソによって「20世紀最後の巨匠」と呼ばれた彼の作品が米国のメトロポリタン美術館に展示されているが、その中に、「夢見るテレーズ」という作品がある。少女が椅子の上でリラックスしてポーズをとっており、めくれたスカートからちらりと下着がのぞいている。

ある起業家の女性は、幼い女の子がセックスを暗示するポーズをとっているこの絵画にショックを受けたという。そして、このような絵画の展示を有名美術館が行うことはふさ

わしくないとして、ネット上で、作品の撤去を要求する署名活動を始めた。2017年の出来事だが、1週間足らずで1万人分もの署名が集まったそうだ。

メトロポリタン美術館はいまのところこの圧力に屈してはいないようだ。しかし、今後どうなるかはわからない。なにしろ、1章で紹介したようなボストン美術館の例もある。

新潮社から本を出している左派系作家の多くは、「新潮45」の廃刊を望んだ。言論に値しないクソのような雑誌だからつぶしてしまえ。

彼らは芸術という安全地帯からそれを叫んだのだが、ポリコレは、もはやなにものをも容赦しない（そういう意味では、ポリコレは反権威なのかもしれない）。

言葉を紡《つむ》ぐことを生業としているのなら、今度は自分の言葉さえも奪われる日が来るかもしれないのだ。「新潮45」を非難した作家たちにも、そんな「想像力」を持ってほしかった。

抑圧すべき性衝動とは？

「新潮」12月号に掲載された、ゲイ当事者で哲学者の千葉雅也氏（前出）のツイッター投稿文があまりにも面白いので、ここに紹介する。

千葉氏は基本的に、杉田氏や小川氏の論文を差別的でひどいという。しかしその返す刀で、「私はLGBTの味方です」とばかりに「新潮45」を糾弾するマジョリティの偽善をもぶった切っている。これは、千葉氏とともに、この「新潮」12月号に寄稿している他の作家たちへの痛烈な当てこすりでもある。

「新潮社がぎりぎりのラインで出した感じのメッセージ。検索すると、謝罪がない、謝罪しろ、新潮45は廃刊しろとの声がズラッと出てくる。当事者が言ってるならいい。当事者じゃないやつに言う権利はないと思うけどね」

「帰宅ー。新幹線のなかでゲイの友人とLINEしてたので、さっき電話。新潮45の話。あの周りで騒いでるノンケどもなんなのあれー。まあ、マイノリティの味方ですってポジションが商売になってるインテリいるからねー。等々」

「まったく、この何十年の我々の経験は何だったのだ、と。いまごろになって、しれっと、マイノリティとともにあるのが文学だ、みたいなことを『常識化』するみたいな態度で人気取りをしているしょせんノンケの作家連中とか。恥を知れと言いたい」

「ある作家が、新潮45批判で、当事者の友達が杉田発言のせいで鬱《うつ》になってるとか希死念《きしねん》慮《りょ》抱いてるとかツィートしてたけど、そんなんなるか?!あんなんで?!いたとしてもごく一部だろうし、あまりに弱いでしょ、などなども」(実際に、この「新潮」12月号に寄稿している ある作家のことである)

「はっきり言って、そんな過剰な弱さを基準に我々当事者のことを考えてもらいたくないし、そういう弱さへの共感でもってマイノリティに接近するのは間違ってるよ」

そして千葉氏は、小川氏について、「ウヨ芸風の人」「もはや悪魔的にひどいということになっている小川榮太郎のテクスト」「マジョリティのふんぞり返り」と悪態をついているが、さすがに、小川氏のいわんとしている本質は捕まえている。

「ポイントだと思う基本的な点。性的欲望はそもそも倒錯的で、犯罪的にもなりうるので公《おおやけ》にすべきでない。小川氏自身もそういう欲望を潜在させているかもと認めている」

「小川氏はおおよそこう言っている。同性愛の公の承認は、抑圧すべきその他様々な性衝動をダダ漏れにすることにつながる」

この2つの文章の意味は重要だ。「抑圧すべき他の性衝動」とはなにか?

「シスジェンダー」「ヘテロセクシュアル」なる言葉が、最近LGBT用語の一つとして急速に知られるようになってきた。ウィキペディアで調べると、「シスジェンダー」とは、「トランスジェンダー」の対比で、生まれた時に割り当てられた性別と性同一性が一致し、それに従って生きる人のことを指す、とある。

「ヘテロセクシュアル」とは、同じくウィキペディアで調べると、異性に対して性的な感情を抱くセクシュアリティ、とある。要するに、「シスジェンダーでヘテロセクシュアル」というのは、〈男性として生まれて、恋愛対象としては女性を好きになる人〉ないしは、〈女性として生まれて、恋愛対象は男性〉という人のことで、それ以外はすべて性的少数者ということになる。その中には、いわゆるノーマルな性的マジョリティには想像もできない、実に様々な性的嗜好が存在するのだ。

二次元のキャラクター、たとえばアニメや漫画しか性愛の対象と感じない人たちがいる。これは性的指向だから、自分たちも性的マイノリティに加えてほしいという意見が出ている。しかし、ＬＧＢＴの研究者は頑《かたく》なに拒絶したそうだ。

一級市民として認知してほしいと願うＬＧＢＴから見れば、二次元キャラクターを恋愛対象とする人々は、「単なる趣味、性的嗜好だから」と、切り捨てられたのである。

「ペドフィリア」、「ズーフィリア」「ネクロフィリア」といった、犯罪スレスレの嗜好の人々もいる。

「ペドフィリア」とは「小児性愛者」、つまり、幼児や小児を対象にした性愛、性的嗜好のことである。

「ズーフィリア」とは、動物に性愛感情を抱くセクシュアリティで、感情だけなら問題はないが、獣姦行為となると国によって罪になることもあり、衛生上も問題になる。

「ネクロフィリア」とは、死体に性的興奮、性愛感情を抱くセクシュアリティで、死体性愛者、屍姦症ともいわれる。

「抑圧すべき性衝動」とはまさに、こうした性的嗜好を指すのではないかと思われる。おぞましく感じるかもしれないが、いずれも性愛感情に止《とど》めておくかぎり、わが国では問題にはならない。

彼らにも人権があり、繰り返すが、「性的少数者」という大きな括《くく》りの中のれっきとした一員なのである。

ツイッター上では、これら3つの頭文字を取ってPZNと称し、「LGBTばかり権利を主張するのはおかしい。PZNも加えてLGBTPZNとすべきだ」と言う声がある。

これは、「LGBTばかり正義づらしてうざい」「あいつらPZNも加えたら発狂しそう」といったコメントがあるように、数多《あまた》ある性的少数者の中でLGBTだけを正統扱いし、よりアブノーマルな部分を持つ他の性的少数者を排除する現在の欺瞞的な運動への抗議、揶揄が込められている。つまり、自らの「性的マイノリティ性」は「被抑圧者」「被害者」として認知してもらい、保護も受けようとする傍ら、同じ人間が、もっとマイナーな指向の人に対しては、激しく拒否・断罪する歪んだ構図があるのだ。

性的少数者の問題とは、ことほどさように、人間のダークサイドとしての性的欲望を直視せざるを得ず、決してきれいごとではすまない。彼らをどこまで公的支援の対象にするのか、その線引きは、きわめて難しいと言える。

誇り高い日本の性的マイノリティは「リベラルに飼われて」などいない！

自分が寄稿していた媒体が、納得できない理由でアッという間に社会から葬り去られてしまった。IRONNAに拙文を発表した後も私は、割り切れない気持ちを抱えながら、この事件を巡る識者の意見や当事者の声をチェックし続けた。

余波は続いていた。既存マスコミはこれでもかと、死体蹴りのごとく、もはや存在しない雑誌を叩き続けた。

ところが私は、ネットの言論空間に流れる空気が、新聞やテレビのそれとはかなり違うことに気がついた。「LGBTへの差別だ」と決めつけて社会を煽る活動家の言動に対し、当事者の多くはこれに同調していないのである。

そして意外なことに、「新潮45」を擁護する声もかなり多かったのだ。

「新潮45」の廃刊が決まった時には、騒動の火付け役、立憲民主党所属の国会議員・尾辻《おつじ》かな子《こ》氏のツイッターにたくさんの批判が殺到した。自身がレズビアンであることを公言している尾辻氏は、杉田氏の「生産性」発言をツイッター上で真っ先に非難した人物である。

ＬＧＢＴを積極的に支援しているのは、立憲民主党、社民党、共産党などリベラル勢力で、当然活動家もリベラルである。だから、ＬＧＢＴイコールリベラルと思い込んでいる人も多いと思うが、**市井に暮らす性的マイノリティの多くは、実は保守派である**。おそらく日本国民を保守派、リベラル派に分けた時の割合とほぼ同じだろう。

既存のマスメディアは、日頃から「多様性、多様性」と口癖のように言っている。それならば、ＬＧＢＴ内の多様な意見を取り上げてもよさそうなものだが、現実は、ごく少数の活動家の偏った主張しか報じないのである。これでは多くの当事者の本音が、一般の人々に正しく伝わらない。

そう考えた私は、ＳＮＳ上で活発に発言を行っている４名の当事者に取材し、『月刊Hanada』２０１８年2月号に、「黙殺され続けるＬＧＢＴ当事者の本音」と題して、次の拙文を寄稿した。わずかに加筆訂正を行っている。

かず と氏〔Ｇ〕の場合

〈北陸地方のとある街に住むかずと氏は40代半ば。一回り年下の相方と暮らすゲイの男性である。

彼は、「新潮45」８月号に掲載された杉田水脈論文が、ＬＧＢＴに対する差別だと猛烈な批判を浴びたことに当事者として大きな疑問を感じた。この思いを自身のブログにぶつけたところ、その文章が「新潮45」編集部の目に留まり、「そんなにおかしいか『杉田水脈』論文」と名付けた10月号の特集の7名の執筆者のうちの1名になった。

しかし、当事者であるかずと氏のこの論文は、なぜか黙殺されてしまった。

私は彼に会いに、北陸のある街を訪れた。駅に出迎えてくれた彼は、感じのいい小柄な普通の男性である。

彼は「ホモも単なる男です」と言う。

「ホモ」という言葉は最近、差別語ともいわれるが、かれはあえてこの言葉を使う。そして、「私はＬＧＢＴとは無縁なホモにすぎない」とも言う。

「気がつけば、当事者とは無縁なところに、LGBTなんていう世界が完成していた。一緒に暮らす相方も知り合いの若いゲイたちも、誰ひとり自分をLGBTとは思っていません。同性愛者＝弱者、不幸、なんてとんでもない。同世代のノンケが、家のローンだの子供の教育費に頭を悩ませているのに比べると、生活ははるかに楽、ホモでよかったと思います。相方と、『生産性という言葉に過剰反応すべきじゃない』と話してますよ」

彼は気負うことなくこう言う。

つい最近は、知り合いのゲイたち総勢50人余りでバーベキューパーティを開いた。その場では、「新潮45」の事件のことなどまるで話題にならなかった。

ただ帰りに車の中で数人と、「うちらに対する差別ってなんやろね」とつぶやいた。

差別された経験がないからだ。

「新潮45」休刊騒動で図らずも露呈したことがある。テレビや新聞で騒動についてコメントした当事者の多くは、いわゆるLGBT活動家であり、その主張は必ずしも、普通の性的マイノリティの本音を代弁してはいないということだ。それどころか両者の間には深刻な断絶があり、**活動家嫌悪**という感情さえ生まれている。

現在、SNS上で性的マイノリティであることを公言し、様々な意見を発信している当事者は多いが、彼らの間では、「差別」を糾弾した活動家や第三者を批判し、「新潮45」を擁護する逆転現象すら起きている。

「今回の弱者は、たった1万6000部しか発行してない、不当なバッシングに対抗する術《すべ》もない『新潮45』と、当事者なのに全く意見を汲《く》み取ってもらえなかった俺ら普通の性的マイノリティだよ。で加害者は、ロクに読みもしないで気に入らない本を燃やして狂喜乱舞している奴ら」

「そういう奴らは結構身近にもいるよ。LGBT擁護者の皮を被った反日活動家。俺たち当事者は結局無視されLGBTの名は道具として利用されるだけ。自由な言論すら封殺され、一般の文芸誌が廃刊に追い込まれた……」

その他、「差別もないのに活動家が騒ぎすぎだ」「弱者ビジネスだ」「自分たちの代表面するな」等々、活動家に対する批判は噴出している。

問題なのは、こうした声がマスコミに見事に無視され続けていることだ。うっかり非活動家の当事者の声を取り上げると、マスコミや活動家が描いた「これは差別事案である」という構図が崩れてしまうからなのではないか。

かずと氏はそうした〝不都合な当事者〟のひとりである。

杉田論文の感想を彼はこういう。

「『生産性』という言葉に引っかかるかもしれないけど、その前後の文章を読めば何らおかしいことではない。要は、LGBTのカップルより、子供ができないカップルへの不妊治療や子育て支援に優先的に税金を使いましょうっていう主旨で、当然の話ですよ」

むしろかずと氏は、杉田氏に信頼感を抱いたという。なぜなら、彼女の論文中に自分の心境を言い当てたような次の一文があったからだ。

〈LGBTの当事者の方たちから聞いた話によれば、生きづらさという観点でいえば、社会的な差別云々よりも、自分たちの親が理解してくれないことのほうがつらいと言います〉

正直、杉田氏が当事者の気持ちをここまで理解していることに驚いた。彼女がきちんと当事者に話を聞いている証拠だと思ったと、かずと氏はいう。

「よく親ならわかってくれるなんて話を耳にしますが、親がノーマルだからこそ私たちが産まれているわけで、一番理解してくれないのは実は親なんです。私も両親にカミングアウトしたら、母親から『意味がわからない』と言われてしまった」

反対に彼は、騒動の火付け役の立憲民主党所属・尾辻かな子議員に不信感を抱いた。同じ衆議院議員なのに杉田氏と話し合おうともせず、いきなり「新潮45」の記事の一部を切り取って撮影し、ツイッターに投稿したからだ。

この時、尾辻氏は杉田氏をこう批判した。

「ＬＧＢＴのカップルは生産性がないので税金を投入することの是非があると。ＬＧＢＴも納税者であることを指摘しておきたい。当たり前のことだが、すべての人は生きていること、その事自体に価値がある」

これに杉田氏はすぐ返信し（現在は削除されている）、ＬＧＢＴの方々は社会的弱者か。ＬＧＢＴであっても障害者なら障碍者福祉を、低所得者なら低所得者福祉というように、状況に応じてさまざまな社会福祉を享受できるから、日本の中で差別されていないし、差別すべきでない。その上でＬＧＢＴの方々だけに特別に税金を注ぎ込む施策は必要なのか、という主旨の質問をした。

ところが、この質問に尾辻氏は答えなかった。**なぜなら尾辻氏は、ＬＧＢＴに税金を投入する必要がないことがわかっているからだ**、と、かずと氏は思った。

そこで彼は、「騒動の火付け役　尾辻かな子の欺瞞」と題して、彼女に呼びかける形で『新潮45』に次のように書いたのである。

「（あなたは）、ＬＧＢＴの中でも本当の支援が必要なのはＴ（トランスジェンダー）の中の一部の方だけとわかっている。しかしそれを認めてしまえば、これまでの主張がすべて覆る。これまでの主張とは何かといえば、**Ｔの方の問題をＬＧＢＴ全体の問題としてきたこ**

とです。更衣室やトイレ、制服といった問題、履歴書や各種書類の性別記載、いずれもTの方の問題で、LGBには何ら関係ありません」

「財産関係の問題なども、実は養子縁組ですべてクリアできてしまう」

「LGBに関しては社会的弱者でも何でもない。支援の必要は一切ない。そのことをレズビアンの当事者である尾辻さんもわかっている」

なるほどこの主張は、『新潮45』を批判したい向きには具合が悪い。かくて、かずと氏の文章は無視されてしまったのである。

「活動家さんたちは、口を開けば『LGBTは生きづらい』という。でも私たちは、毎日普通に楽しく暮らしてますよ」

とはいっても、彼も最初からゲイの生活を満喫していたわけではない。

同性愛者であることを隠し続け、「同性愛者は生きづらい。徹底的に殻《から》を被って生きている」という活動家の考え方に染まっていた時期がある。

その彼の人生観を変えたのは、いや、すべての同性愛者を巡る状況を一変させたのは、SNSの普及である。それまでゲイバーやハッテンバに行かなければ仲間を見つけられず孤立していたゲイたちが、今ではゲイ専門の出会い系アプリによって、日本全国に恋人や友人を見つけることができるようになったのだ。

だから、大半の当事者は、自分が同性愛者であることを肯定し、前向きに生きている。特に若い世代のゲイは、ＳＮＳ上に普通に顔を出し、ごく自然に仕事の悩みや彼氏との関係を綴っている。

「活動家はこうした状況を見ようとしない」と、かずと氏は憤る。

「活動家さんたちの最大の問題点は、当事者の意見を一切聞こうとしないこと。うちの相方はいろんな活動家さんのツィートに、『同性愛者に対する差別とは何か？』と質問しまくっていますが、誰も答えてくれない。それどころか、彼らの主張に反論するとすぐ逆ギレしてブロックする。対話ができない」

非難の的となった小川榮太郎氏の論文にも、当事者として賛意を示す。

「『人間ならパンツは穿《は》いておけよ』というのは、性に関することは人に話すことではないということでしょ。当然ですよ。『政治は「生きづらさ」の主観を救えない』というのもまさにそのとおり。生きづらいなんてのは個人の問題ですよ。むしろ小川さんは差別感情を持っていない。私たちを対等な人間とみているからこそ、忌憚《きたん》のない意見が言えるんだと思う」

ＬＧＢＴ差別解消法とか、理解促進法とかの法整備にも関心はない。

「特に不便を感じていないんですよ。そういうことは別世界の話ですね。そう考えているゲイは少なくないと思います」

かずと氏の今一番の願いは、ＬＧＢＴブームなるものが一刻も早く終息することだ。

富田格氏《とみたいたる》（Ｇ）の場合

同じゲイでも、かつて「Ｇ＝men」というゲイ雑誌の編集長を務め、現在もフリーのライター、編集者として活躍する富田格氏の見解はこうだ。

「日本でＬＧＢＴに対する差別が皆無かといえば、無理解から来る差別的な状況は、まだあると思う。だから、ＬＧＢＴへの理解を促進するような法律を成立させる必要はあると僕は思います。ただそれでも、欧米の「ゲイリブ活動」をそのままスライドさせたような野党法案では受け入れられない。なぜなら、向こうと日本では状況が大きく異なる。

日本ではまず、同性愛が宗教的禁忌《タブー》として扱われていない。複雑な人種構成による差別がない、警察がゲイバーを弾圧しない。それに、Ｔに対する理解では政権与党が最も進んでいるからです」

杉田論文については、論旨がちょっと雑ではないかという。

「話がとっちらかって曖昧な書き方をしているので、リベラルの活動家に、杉田は差別意識を持っているとつけ込まれる隙《すき》を与えた。でも尾辻議員の切り取り方もひどすぎる。生産性といったって、たとえば、『生産性なきLGBTは日本から出て行け！』なんてことをいったら、そりゃ僕だって激怒しますよ。でもそんなことは言っていない。この生産性については、そもそもはマルクス主義の用語で差別語でもなんでもないと、『新潮45』10月号で藤岡信勝さんが見事な答えを出しているじゃないですか」

かずと氏と同様、冨田氏も、活動家がしきりに、「同性愛者は生きづらい」と訴えることに違和感を感じる。そしてやはり、SNSの効用をあげる。

「トランスジェンダーやレズビアンは、抱えているものが違うと思うので、僕たちゲイについてだけいえば、人生を謳歌している人間はいっぱいいる。

今は、ミクシーから始まってフェイスブック、出会い系アプリなどで簡単に国境も超えて、世界中のゲイとつながれる。だから孤独感はないですね。みな独り者で子供もいないから経済的にも余裕がある。毎週末、ホームパーティやバーベキューをやったり生活を楽しんでいる。僕は生まれ変わってもゲイになりたいですね」

満面笑みを浮かべて彼は言う。このあたり、かずと氏とまったく同意見だ。

「カミングアウトのハレーション」は、人を殺す

ＬＧＢＴ運動を巡る疑問はまだある。ＬＧＢＴへの理解を広めるためと称して関連団体が学校現場に入り、出張授業、教師への研修など啓発活動を盛んに行っていることだ。

「学校側は、とにかく何かやらなくてはならないと義務感に駆られているんでしょうが、講義内容は講師の自由に任せ、教材も彼らが作ったものを持ち込んでいる。しかし、子供たちに何をどう教えて何を教えないか、学校側で十分な議論を経て、きちんとした方向性、指針を立てるべきでしょう。講義内容がイデオロギー的に偏っていたり、善意で教えたことが裏目に出る場合だってあります」

さらに冨田氏は、積極的にカミングアウトしていこう、といったＬＧＢＴ活動家の安易な言説に乗ることの危険性を指摘する。

「カミングアウトすると、予想外のハレーションが起きる可能性もあります。カミングアウトされたら『正直に話してくれてありがとう』とかアウティングはいけないことだということは、全く浸透していません。当事者はカミングアウトで生じるリスクを受け止める覚悟が必要なんです。『カミングアウトするべきだ』と、誰かにそそのかされてするものでは決してない。それはむしろ危険です。もしカミングアウトして悪い結果になっても、

誰も助けてはくれません」

かずと氏や冨田氏のようなゲイは、LGBTと分類される性的マイノリティの中で多数派である。一方、レズビアンコミュニティは、ゲイコミュニティよりもかなり小規模だ。ゲイとレズビアンとを比較すると、それはそのまま男女間格差の問題にもなる。つまり、ゲイの男性2人で暮らせば経済的に余裕が生まれるが、女性同士で生活を支えるとなると、男性同士より厳しくなる現実がある。

そうした経済上の問題もあり、レズビアンはフェミニズム運動に近づきやすい。その結果、**ゲイは政治的に比較的穏健だが、レズビアンは先鋭化しやすい傾向があるようだ。**

森奈津子《もりなつこ》氏（B）の場合

作家の森奈津子氏は、レズビアン寄りのバイセクシュアルである。

しばき隊（現在は解散し別の名称になっているが、ここでは、社会的に通用しているこの名称を使う）を痛烈に批判し、ツイッターなどで彼らと激しい舌戦を繰り広げている。80年代後半から90年代にかけてのレズビアン・ゲイリブ運動の担い手であり、右でも左でもない中道で、ＬＧＢＴ運動を応援している。そしてやはり、ゲイに比べてレズビアンには様々な困難があると訴える。

「レズビアンのカップルの場合、生活が大変で、男女の賃金格差をなんとかしてほしいという声は切実です。カミングアウトするにも、ゲイにはないリスクがある。職場でカミングアウトしたら、『レズを治してやる』と言われてレイプされたという例もあるんです」

しかしその森氏にして、「新潮45」の騒動を見る限り、最近の運動はおかしいと感じる。騒ぎの発端となった杉田氏の論文については、言葉の使い方を間違ったかなとは思ったが、展開の仕方によっては、いくらでも建設的な議論に発展した可能性はあるという。

「問題はその後、しばき隊の呼びかけで行われた杉田氏への抗議行動です。参加者が中指を立てたり、杉田さんの顔写真にナチスの鉤十字を描いたプラカードを掲げたり、ひどく過激で悪質でした。そのうえ彼らは、こうした行為を批判した右寄りのＬＧＢＴの人たちを、『奴らはネット右翼のなりすまし』『ホモウヨ』などと罵った。異常ですよ」

森氏は、「新潮45」10月号もすぐに買って読んだ。松浦大悟氏やかずと氏、当事者二人の論文は読むべき価値があると思い、ツイッターで勧めたところ、「そんなものは読む価値はない」「森奈津子はネット右翼の男のなりすましだ」とまでいわれた。

「もはや集団ヒステリーです」

森氏は嘆息する。

「〝反差別チンピラ〟が加わることによって、ＬＧＢＴ運動は露骨な政権叩きに利用されてしまった。活動家が普通のＬＧＢＴから嫌われるわけですよ。このままいけばＬＧＢＴは、部落問題のようにアンタッチャブルな領域になってしまう。運動体には自浄作用を発揮してほしい」

「この騒動で、ＬＧＢＴは確実に腫物扱いになってしまった」と森氏や冨田氏は嘆く。

声の大きい少数派が大騒ぎした挙句のツケが当事者に回ってしまったのなら、こんなに割に合わないことはない。

神名龍子《じんなりゅうこ》氏（Ｔ）の場合

森氏と同様、「現在のＬＧＢＴ運動はもはや反政府運動のツールになってしまった」というのは、哲学者でトランスジェンダーの神名龍子氏だ。

「杉田論文を差別とは感じませんでした。いくつか細かい間違いなどはありますが、全体として間違ったことは言っていない。むしろ、どこで取材したのか不思議に感じたほど、ＬＧＢＴ当事者の声を汲み取っています」

それは、かずと氏がいみじくも指摘した、「社会的な差別云々よりも、自分たちの親が理解してくれないことのほうがつらい」という部分であり、T（トランスジェンダー）は「性同一性障害」という障害なので、LGBとは分けて考えるべきという主張である。ことに次の文章は、トランスジェンダーの当事者の願いに寄り添っているという。

「自分の脳が認識している性と、自分の体が一致しないというのは、つらいでしょう。性転換手術にも保険が利くようにしたり、いかに医療行為として充実させていくのか、それは政治家としても考えていいことなのかもしれません」

生殖能力を無力化する性転換手術（性別適合手術）に対して政治家として支援したいといっているのであり、それはつまり、「子供ができないという理由でLGBTを切り捨てる意図がない、つまり差別の意図がない」ことの表れでもあると神名氏は言う。当事者ならではの指摘である。

神名氏は体の性は男性だが、心の性は女性である。そのために女装していることが多い。

「ごくまれにですが、道を歩いていて『オカマ！』と罵声を浴びせられることがあります。トランスジェンダーは見た目でそれとわかるケースがあるので、同じような経験をした人は多いと思います。ただし欧米のように、生命・身体の安全が脅かされるようなヘイトクライムは、日本ではまず聞きませんね」

神名氏は今、週に2日ほど新宿のゴールデン街の店で働いている。

「私を見て驚く人はいても、差別的な言動をする客はめったにいません。過去、トランスジェンダーと知られたうえでIT関連の仕事にも誘われたし、仕事関係で差別や不自由を感じたことはないです」

ちなみに神名氏には、オーストラリアから頻繁に来日しては女装を楽しむ知人がいる。オーストラリアではトランスジェンダーに対する偏見が根強いのだという。そこで、彼らに比較的寛容な日本にやってくるわけだ。

神名氏はネットに、「杉田論文についての考察」という一文をアップしている。前述のコメントともダブるが、読み応えのある論考なので、ぜひ一読してもらいたい。この文章中、私が最も印象に残った部分がある。

「杉田議員が問題視しているのはLGBTそのものではなく、そこに寄生する左翼勢力であり、またLGBTを禁忌としてきた西欧社会（日本とは異なる社会土壌）で生まれたゲイ理論などでしょう。自分たちの足下から立ち上げた思想ではなく、借り物の思想でよしとしてきた当事者たちは、この点で反省するところはないのでしょうか」

問題は、ＬＧＢＴを人権問題化して利用しようとする左翼勢力

私は、小川榮太郎氏の論文も、主張したかったのはこういうことなのだと思う。読者を挑発するような反語的表現はＬＧＢＴ当事者に向けられたものではなく、イデオロギー化したＬＧＢＴ概念に対してだ。

これは杉田氏にもいえるが、「差別者だ」と糾弾されることを恐れることなく、ＬＧＢＴブームの欺瞞《ぎまん》をつく議論を展開する小川氏に私は、言論人としての気概を感じる。

小川氏に取材した際、私は尋ねた。

「差別というデリケートな問題について書く時、どうしても身構えて委縮したり、自主規制の気持ちが働くが……」

小川氏は即座に否定した。

「私は自主規制しない。すべての同調圧力がきらいだから」

小川氏は、松浦氏と対談してＬＧＢＴへの考察を深め、さらにその後、松浦氏の誘いで新宿２丁目にも出かけたという。

「そもそも僕には当事者に対する偏見もないから、とても楽しい時間を過ごしました。ただ、ＬＧＢＴを過度に人権問題化することと同性婚には反対です。これは変わりようがない」

この日本国に生まれて幸せだった。差別されたことなんかありません

私は30年ぐらい前から新宿2丁目のゲイバーに通っている。最近はさすがに足が遠のいたが、以前は常連の店がいくつもあった。

「新潮45」の件についてどう思っているか聞きたくて、久しぶりに2丁目に顔を出してみたが、ゲイのママたちの反応はすこぶる鈍かった。

「ああテレビでやってたわね。雑誌？　読んでないわよ。生産性？　興味ないわ」

社会を揺るがせた〝LGBT差別事件〟も、日本最大のゲイタウン・新宿2丁目では話のネタにさえなっていない。確か、「新潮45」の常連ライターで評論家の古谷経衡氏（前出）が新宿2丁目に出かけ、この事件の反響を聞いて回ろうとしたが、誰もかれもがあまりに無関心で戸惑ってしまった、ということをどこかのウエブニュースに書いていた。

この新宿2丁目で39年やっていた店、「いれーぬ」を畳んだばかりだったタケこと金竹《かねたけ》伊彦《よしひこ》氏に至ってはこう言うのである。

「私はLGBTの運動なんて関わりたくない。権利を声高に主張するのは大嫌い。こういうことは秘め事でいいのよ。私が弱者？　バカ言うんじゃないわよ。お店も繁盛して世界中を旅行してまわって楽しかったわよ。私はこの日本国に生まれて幸せだった。差別され

たことなんかありません」〉

フェミニスト vs. トランス女性

早いもので、2018年の「新潮45」事件から3年が経った。LGBTを取り巻く状況も、一般の人々のLGBTへのまなざしも、この3年で微妙に変化してきた。

この事件が起きた頃は、一般市民のLGBTを見る目は、まだ総じて温《あたた》かかったと思う。わが国には、欧米のようなホモフォビア（同性愛嫌悪）的な感情が少なかったうえ、性自認や性的指向が多数派と違うだけで差別や蔑視を受けていると活動家が主張すれば、特に若い人たちの間で素直に、「それはつらいよね」と、同情と理解が集まったのだ。

ところがその後、1章で述べたように、主にトランスジェンダーを巡る事件が国の内外で次々に起き、さまざまな対立が生まれ、論争が巻き起こったために一般の人々の彼らを見る目が次第に冷めてきているのである。

例えば次のネット上のコメントは、トランスジェンダーで建築家の「女性」が出演したドキュメンタリー映画についての感想である。

「正直もうLGBTの権利主張はたくさんです。充分、認知も理解も得られてるんじゃないですか？　これ以上権利を主張して、マジョリティが不利益になるようなことはやめてもらいたい。差別的に聞こえるかもしれないけど、誰もがいろんな部分でマイノリティなんです。背が低い、薄毛、容姿が悪い、収入が低い、太りやすい、モテない。みんなそれぞれいろいろな悩みを持って生きている。悩んでいるのはLGBTだけじゃねーよってことです」

これには賛同意見が相次いだ。トランスジェンダーについては特にメディアが頻繁に取り上げ、露出も多いので、食傷気味になる人が少なくないのだ。

トラブルの背景には、特にトランスジェンダー女性の場合、本人の性自認だけで女性として認めていいのかどうか。そして、「彼女たち」が望むままに、本来の女性の領域に立ち入らせていいのかどうかということがある。

実はこのことで、トランスジェンダー女性とフェミニストの間でのっぴきならない対立が起きている。

本来フェミニストが大切にしてきた女性だけの安全なスペース、女子トイレや女子シャワー室、女風呂を自分たちにも使わせろと主張し始めたトランスジェンダー女性を、フェミニストは拒否した。

するとトランスジェンダーの活動家やその支援者は「フェミニストは差別主義者」と噛みつき、収拾のつかない論争が続いている。

まさに「旧来の女」vs.「新参の『女』」の争いだ。

そもそもトランスジェンダー自体が、他のLGBに比べ不安定で曖昧な存在である。思春期の一時の性の揺らぎによって性別違和を訴える場合も多く、その性自認には迷いがある。性適合手術を受けても満足せず、時間が経ってから後悔する人が多いというのもその表れだ。そもそも定義もまだはっきりしない。

前出の作家・森奈津子氏は、次のように語る。

「トランスジェンダーという言葉は、アンブレラタームとされ、性同一性障害ですでに性別適合手術を受けて戸籍の性別変更も行った人から、同様に性同一性障害でありながら、持病があったり体に与える影響を考えて、ホルモン治療や手術が選択できない、あるいは選択せず、生まれたままの体で過ごしている人、さらに、単なる女装家、オナベ、ドラァグクィーンまで含まれます」

※アンブレラターム　いくつかの概念をまとめた言葉

※オナベ　オカマの反対。女性が男装するなどして男性のように振る舞うこと

※ドラァグクィーン　ゲイの男性がゴージャスな衣装と派手なメークでパフォーマンス

すること
つまり以前は、トランスジェンダー＝性同一性障害という理解だったが、現在は、トランスジェンダーという広義の概念の中に性同一性障害が含まれるという解釈である。
そして、このややこしい状況をＬＧＢＴ活動家は利用していると森氏は言う。
「彼らはトランスジェンダーの権利を訴えていますが、いかにも性同一障害で性別適合手術を終えた人の権利保護を主張しているように装いつつ、その中には単に、トランスジェンダーを自称する女装家も含む場合があります」

実は、極めて高い予見性を持っていた杉田論文

こうした3年間の世情の変化を考慮しながら、今この時点で改めて杉田水脈論文を読んでみると、以前とは明らかに違う印象がある。

杉田氏は、現在のトランスジェンダーを巡る混乱を見事に予見していたのだ。

ＬＧＢＴ向けに自由に制服を選択できる（スカートでもパンツルックでも選べる）学校ができ、「自分が認識した性にあった制服を着るのはいいこと」として報道されている。

では、自分が認識した性にあったトイレを使用することはどうなのかと問いかけ、米国

がオバマ政権時代に「公立学校においてトランスジェンダーの子供や児童が〝心の性〟に応じてトイレや更衣室を使えるようにする」という通達を出したところ、大混乱に陥ったと述べている。

彼女のこの言葉を裏付けるように、わが国でも、アメリカから数年遅れて同様の問題が起きている。

経済産業省に勤務する50代のトランスジェンダー女性が、省内の女子トイレの使用を制限されたのは不合理な差別だとして、国家賠償法に基づく損害賠償などを求めた控訴審の判決が、２０２１年5月27日、東京高裁であった。

経済産業省では、以前から彼女の処遇にはかなり配慮しており、すでに女性用休憩室や更衣室の使用を認めている。女子トイレについても、すべてを禁じたのではなく、彼女が働いているフロアから2階以上離れた女子トイレについては許可していた。

ところが彼女はそれも不服だったらしい。1審では彼女の訴えが認められたが、この2審では逆転敗訴した。

敗訴は当然ではないか。この女性はホルモン療法を受け、女装していることもあり外見はほぼ女性に見えるようだが、健康上の理由で性適合手術を受けていない。生物学的に男性である彼女が女子トイレに入ることに、他の女性の多くが抵抗を覚えるのは自然なことだろう。

経済産業省としては、トランスジェンダー女性の人権を尊重しながらも、他方で、全職員の職場環境を整える責任を負っており、判決では、「トイレの使用制限は、その責任を果たすための対応だった」とした。

安易にLGBT法案を可決すると、新たな問題や犯罪を誘発しかねない

一般の女性にとって一番怖いのは、犯罪目的で女子トイレに入ろうとする輩がトランスジェンダー女性を装う場合だ。

案の定というべきか、先の判決がマスコミで大きく報じられた直後の5月29日、北海道・札幌《さっぽろ》市で事件が起きた。同市の大型書店の女子トイレに男が複数回侵入、目撃した書店の従業員の通報で警察に逮捕されたのだ。ところが調べに対し、男は呆れた供述をしている。「戸籍上は男だが気持ちは女性だから入った。お腹を下していたので3回ぐらい女子トイレに入った」

だが、笑い話では済まされない。これがアメリカならこの男の主張がそのまま通ってしまう可能性がある。

すでに、自己が認識した性への変更が法律で認められているイギリスでは、カレン・ホワイト事件が起きている。

現在55歳のこの「男」は、年配の男性をナイフで刺して逮捕されたが、過去に女児へのわいせつ行為、複数の女性へのレイプなどの前科があった。逮捕された際、彼は女装し、自分は女性だと言い張ったため、性適合手術をすませていないにもかかわらず女性刑務所に収監された。彼の主張がすんなりと通った背景には、以前、男性刑務所に収監されたトランスジェンダー女性2人が自殺したという前例があった。ところが、あろうことか彼は、この女性刑務所で2人の女性受刑者をレイプしたのである。

当然ながら彼は逮捕され、男性刑務所に移送された。彼が性別を偽《いつわ》ったのは、単に過去の犯罪を隠蔽するためだったといわれている。

日本がもし欧米のように、体は男だが心は女性であるという自己申告だけで性別変更が可能になったらどうなるか。森奈津子氏の予言がいささかこわい。

「これが法律で認められたら、悪法でしかありません。まずは、心は女だと主張する人たちが、銭湯や温泉の女湯に入れないのは差別だといって訴訟を連発するでしょう。また、差別だ、人権侵害だと訴えられるのが怖くて、彼らを拒《こば》めない銭湯や温泉旅館も出てくると思います。LGBT活動家やマスコミも彼らに味方するでしょう。そうなると、裸の男と遭遇することを恐れる女性たちは、そうした入浴施設を忌避することになります。女子トイレでの性犯罪も頻発し、女児や女性は危険に晒《さら》されます」

札幌市の大型書店のトイレ侵入事件などまさにそれだ。

それに、性自認が優先されることで、日本の温泉文化、銭湯文化が衰退の危機に晒されるかもしれない⁉

文化マルクス主義は、なるほど、その国固有の歴史的背景によって育まれてきた文化を簡単に亡きものにしてしまうのだ。非常にわかりやすい例である。


ここへ来て、トランスジェンダーを巡る揺り戻し、バックラッシュの動きが起きている。2021年3月、ミシシッピー州で、公立の小中高校の女子競技大会などへの、トランスジェンダー女子選手の参加を禁止する州法が成立した。これを皮切りに、同様の禁止法は全米7州に拡大している。

このうち、同年6月に禁止法を成立させたフロリダ州のロン・デサンティス知事は、「スポーツの参加を巡ってはイデオロギーではなく、生物学的に判断する」と述べ、フロリダで女性が平等にスポーツをするために必要な法律だと主張した。

5章

【事例研究】

ＬＧＢＴイデオロギーとどう向き合うか？

3つのケースから学ぶ、ポリコレ推進活動家への対処法

本章では、国内のLGBTに関連した事例のうち、私が特に注目した3つのケースについて取り上げてみたい。

【ケース1】一橋《ひとつばし》大学法科大学院《ロー・スクール》生、アウティング転落死事件

2015年8月24日、一橋大学法科大学院の男子学生Aが、東京・国立《くにたち》市にある同大学構内のマーキュリータワー6階から転落死した。

午後3時頃、6階の窓枠につかまっているところを、たまたま下を歩いていた他大学の学生が発見したが、Aは力尽きて落下。同日夜に死亡した。

この事件は今に至るも、自殺とも事故死とも断定されていないが、LGBT活動家らはいち早く、「アウティング自殺事件」であると決めつけ、Aが同性愛者であることを他の学生に漏らした「加害者」Bを厳しく糾弾している。

アウティングの定義とは、〝性的少数者である本人の意に反して、正当な理由なく、その性的指向や性自認を第三者に暴露すること〟である。

Aの両親は、Aが同性愛者である事実を本人の承諾なく第三者に公表したことが不法行為に当たるとしてBに損害賠償を求めるとともに、大学に対して、同性愛者であることを

周囲に知られて精神不安定となったAが相談した際、安全配慮義務を怠《おこた》ったためにAが死亡したとして、こちらも損害賠償を求めて提訴した。

裁判が行われている最中の、2018年4月には、一橋大学の地元である国立市が、全国に先駆けてアウティング禁止を盛り込んだ条例を施行した。

裁判はその後、原告とBとの間で和解が成立。しかしその具体的内容については、Bからの要請で口外禁止条項となっており、裁判記録の閲覧にも制限がかかっているため、全く知ることはできない。

遺族は一橋大学とは最後まで争ったが、2019年2月の1審判決、2020年11月の2審判決とも、遺族側の訴えを棄却した。Aの転落死は突発的なできごとで予見できず、大学側の対応に不備はなかったとしたのである。

なお1審判決では、アウティングという行為自体の重大性については触れなかったが、2審では、「人格権ないしプライバシー権などを著しく侵害するものであり、許されない行為であることは明らか」として、アウティングの違法性に言及した。

ここでは公開されている裁判記録を基に、AとBとの間に生じた出来事を通して、アウティングという行為がなぜ起こったか。Aがなぜ命を落とさなければならなかったのか、その真相に迫ってみる。

AとBは、2014年4月に一橋大学法科大学院に入学し、同じクラスとなった。他の同級生9名とともに、一緒に勉強したり食事をしたりする仲であったが、AはとりわけBが気に入っているようだった。

翌年の2015年2月〜3月頃、BはAから、「話があるんだけど」と何度も告げられたが、Aの恋愛相談だと思い、巻き込まれると面倒だと考えてそのままにした。3月下旬頃、Aは、自分が旅行に行った先の風景の写真や、自撮り写真をLINEメッセージでBに大量に送信してきた。

同じ頃、友人間のちょっとしたトラブルについてBがAを注意したところ、「俺のことが嫌いになった?」と尋ねるLINEメッセージが送られてきた。また、「俺のことで何か悪い点があったとしても、いろいろいわれるのはつらいから何もいわないでほしい」とも直接言われ、突然泣き出しBの肩に触れてきたので、Bは非常に驚いた。

4月3日の日中、BはAから、「ちょっと話がある」と口頭で言われたり、同日の夜もAから、「いまちょっと大丈夫?」というLINEメッセージが届いたが、面倒な話に巻き込まれては困ると思い、無視していた。

すると同日夜中、突然Aから、「はっきり言うと、俺、好きだ、付き合いたいです」というLINEメッセージが送信された。続けて、「ひどい裏切りだと思う。ごめん　むちゃくちゃ言われてもいいから、返事もらえるとうれしいです　本当にごめん」と送られてきた。

Bは驚愕した。Bは、Aが冗談で言っているかもしれないとは思ったが、2月頃からのAのLINEメッセージや、4月に入ってからの言動を考え合わせると、Aが同性愛者である可能性が高いとも思った。

Bは戸惑ったが、Aの告白からほぼ1時間後、日にちが変わった4月4日午前零時過ぎに返事を送った。

「おう、マジか。正直言うと、びっくりしたわ。Aのことはいい奴だと思うけど、そういう対象としては見れない。付き合うことはできないけど、これからもよき友達でいて欲しい。これがおれの返事だわ」

Bは言葉を選んで、できる限り丁寧に返信した。「友達でいてほしい」と伝えたのは、Aの文面から、Aは自分が同性愛者であることを否定的に考えていると思ったので、自分は同性愛者に対する偏見はないが、そもそも同性愛者とは恋愛関係になれないことを伝えるためだった。

これに対しAは、

「ほんと、ありがとう。帰りとかにずっと言おうとおもってて、勇気が出なくてずっと言えなかったんだ。どうしても、俺のこと好きにはならないって頭では分かってても、ちょっとでも可能性ないかなと思うとLINEとか送っちゃってて、最近はひどかったと思う。席も近いしビジロー（ビジネスローコースのこと）でも一緒だし、こんなこと言って申し訳なかった　ちゃんと諦めるからまた飯誘ったりとかして気が乗ったら来てくれたら嬉しいす！　キモいとか思うんだけど、悲しいけどすげー嬉しかった　長文ごめん！　お休み！」

Bはこの返事にも返信した。

「いや、全然キモいとかそういうのはないよ。世の中には一定数同性のこと好きになる人はいるわけだから、趣味の違いの一種みたいなもんでしょ。そんな自分のこと卑下しないで前向きに趣味の問題くらいに捉えた方がいいと思う。おれはちょっと期待に応えられなかったけど、今後も同性の人好きになったとしてもあんまり自分のこと責めたりするのは必要ないのではないかと思うよ。うん。長くなったけどそういう感じで」

「うん、ありがとう　ずっと悩んでて、どうしてこんなになっちゃったかっていつもおもってて、そう言ってくれると救われた気持ちになるわ……」

Bとしては、Aの気持ちを最大限汲んでフォローし、Aもこのように言ったことから、なんとかこれで穏便に済ませることができると思ったのではないか、と私は察する。

ところがそれは甘い考えだった。Bに断られたはずなのに、Aはその後もしつこくBに関わり続けた。たとえば、Aは朝が苦手なことから、告白前、Bに対し、自分が朝の授業の時間までに来ない時は電話で起こしてほしいと頼んでいた。ところがAは告白後も、朝の電話がほしいとBに何度も催促したのである。Bは当初返事をしないでいたが、あまり何度も頼まれるので、「自分で起きてくれ」とLINEメッセージで伝えた。

その他、口頭やLINEメッセージで食事に誘ったり、食事を注文しておこうかと言ってきたり、ハイキングに行こうと誘ってきたり、頻繁に連絡を寄越した。他の友人と食事に行こうとするとAがいつの間にかついてくることが何度もあった。

Bが友人と話をしているとAが割って入ってくる。その際、Bの腕や肩に触れてくることがあった。こうした状況が進み、Bはしだいにクラスの友人たちと行動したり食事を共にすることができなくなっていった。

Bが法科大学院のラウンジで勉強しているところにAが近寄ってきて話しかけ、突然頭を抱えて「うわー」などと声を出したこともあった。その時もAは、Bの腕に触れてきたので、Bは思わず「触るな！」と注意した。

「誰に相談することもできない」と追い詰められた果てに

Ｂはしだいに精神的に不安定になり不眠が続くようになった。ところがそれを友人から聞いたＡは、不眠を解消するための情報をＬＩＮＥメッセージで大量に送ってきた。Ｂにとっては、自分の不眠の原因であるＡから、よりによってそうしたものが送られてきたので、大変な苦痛となった。

そのうちＡは、Ｂも交えたグループ学習の最中、「Ｂは自分にだけ冷たい」「Ｂは自分の意見だけを非難する」と周囲の友人に不満を漏らすようになる。それを聞いたＢは、「Ａは被害妄想に取りつかれているのではないか」と怒りを感じた。

Ｂは、どうしていいのかわからず八方ふさがりのような心境に陥った。誰かに相談したくとも、同性愛の秘密を暴露することになるので、それもできない。一時期Ｂは、自分がＡを避けているのは同性愛者に偏見があるからではないかと疑い、自分に問題があるのではないかと悩み苦しんだことさえあった。

Ｂの我慢は限界だった。２０１５年６月24日、ＬＩＮＥ上の同級生９人で開設しているメッセージグループに、「おれもう、おまえがゲイであることを隠しておくのムリだ。ごめん」と投稿した。

（なおBは、この暴露以前にも、この9人のうちの2人にAが同性愛者であることを告げている。1人は、2人の共通の友人の女子学生で、Aから告白を受けたBが、他言しないよう約束したうえで、どう返事すべきかを彼女にアドバイスを求めたためである。もう1人は、普段からAのことを「ゲイ」とからかっていた男子学生で、彼に対しては、Aは本当にゲイであるのでからかうのをやめさせるために話したという）

それに対してAからは、「たとえそうだとして何かある？　笑」「これ憲法同性愛者の権利くるんじゃね？　笑」と冗談めかしたような返信が来た。

だがその直後から、AとBの関係は壊れてゆく。

対してAの心境はどうだったのか。Aは、アウティングの被害を受けた後、学内のハラスメント委員会に相談しており、自らの心境を克明に記《しる》した申立書を残している。

一部を要約して紹介する。

〈毎日が苦痛です。この件について考えないようにと周りの人は助言してくれていますが、何をしても暴露（以下「アウティング」とします）されてしまい、どうしようという気持ちや恨みに思う気持ち、悲しいと思う気持ち、助けてくれる周りの人に申し訳ないと言う気持ち、両親に打ち明けられないという苦しみでごちゃごちゃになってしまうという心境です。

通常通り学校へ行き、勉強することができず、前期期末試験を受けることができませんでした。被申立人（Bのこと）とは同じクラスであり、声を聞き、姿を見ると吐いてしまいます。病院では抗うつ剤・安定剤・睡眠薬を処方され、勉強が手につかない状況です。アウティング時には、テストの直前であり絶望的な気持ちになりましたが、その場ではとぼけることしかできず、「たとえそうだとして何かある？　笑」「これ憲法同性愛者の権利くるんじゃね？　笑」と返信せざるを得ませんでした。

私は限られた人にしか自分が両性愛者（ママ）であることを伝えていませんでした。なぜなら、同性愛者のマイノリティに対する偏見はまだまだあります。被申立人のアウティング行為をハラスメントであると考える理由は、そのような個人のどうしても知られたくない事項を本人の意思に基づくことなく広められたことにより、耐え難い苦痛を感じるからです。

告白した自分も恨んでいます。告白するときに、その人から拒絶され、暴露されることも覚悟していました。しかし、実際に暴露されてしまうと、自分の心が許容できませんでした〉

そして続けて、自分はBに告白したが、いい友人でいてほしいと言われた。自分としては、仲が良かった告白前と同じようにふるまおうと思い、Bが困っていれば助けたりしたが、迫ったり、付き合うことを期待したことは一切ない。それまでは頻繁に食事を共にしていたが、2、3回誘っても良い返事が返ってこなかったので誘わなくなった。また、それまでは電話で朝起こしてもらうことがあり、1度お願いしてみたが、これからは自分で起きてほしいと言われた。

このように言われる分には不満に思うことはなく、申し訳ないとともに、むしろはっきり言ってくれてありがとうという気持ちだった。

しかし、他の友人から聞いたが、Bは自分の告白により、他人に自分（Aのこと・筆者注）が同性愛者であることを共有できないストレスや、それまでの人間関係が壊れてしまったストレスがあったようだ。ただ、グループワークの時の自分に対するBの不誠実な態度には納得がいかなかった、等のことが綴られている。

アウティング禁止条例の制定が、さらに当事者たちを苦しめる可能性も

Bは、断ったにもかかわらずAがしつこく付きまとうと言い、Aは、仲が良かった頃と同様の付き合いをしたかっただけで、迫ったりはしていないと言う。Aはむしろ、Bがはっきり断ってくれたほうがありがたいと言うが、Bは、Aに対してはっきり拒絶すれば、A

が傷つくだろうと思う。

相手を気遣っているがゆえのこうした葛藤は、男女間の恋愛と変わらないように思える。だがBからすれば、これは男女間とは比べものにならないほどの心理的負担なのである。友人だと思っていた同性が、自分に特別の感情を持っているとわかったのだから、Aと接触するさまざまな場面で不安に襲われる。同性同士の気の置けない付き合いとして、たとえば仲間同士で旅行に行ったり、温泉に入ったりすることもあるが、それを極力避けなければならない。今まで通りのつきあいができるわけがないのだ。

Aは、Bのそうした不安に対して無頓着であったようにみえる。

AはAで、Bのアウティングが起きた後、平静でいられず、Bが友人と話していると、「うるせえ、いなくなれ。死ね。殺してやる」などと暴言を吐いた。

一方、A、B双方の話を聞いた法学研究科教授は、アウティング後のBの心境を次のようにメールで関係者に報告している。

「LINEに巻き込んだことについては、しつこくされて自分の方からはA君の事情を話せず1人で悩んで眠れないほどストレスを抱えていたことが原因だということでした。巻き込んだこと自体については反省しているが、ああするよりないほど精神的に追い込まれていたようです」

確かに、LINE上、9名で行っているメッセージグループに送信して、Aが同性愛者であることを全員に一斉に知らせるというやり方には批判があるだろう。書き込みを見たAのショックは想像に余りある。

精神的に追い詰められていたとはいえ、もう少し別のやり方があったのではないかとは思う。ただBに、同性愛者に対する差別意識や蔑視感情があったわけではない。さまざまな事情を考慮しても、Aが被害者でBが加害者であるという単純な図式が成り立つとは思えない。

裁判記録によれば、Bにとって、Aが転落死したことは深刻なトラウマとなった。自らの窮状を打開するためとはいえ、アウティングという行為を取ってしまったことについては、忸怩《じくじ》たる思いや強い自責の念を抱いているという。

前述した通り、本事件を契機に、国立市がアウティング禁止条例を施行した。この動きを受け、その後、岡山県総社《そうじゃ》市や東京都豊島《としま》区、港《みなと》区など、全国のいくつかの自治体でも同様の条例を導入する動きが続いた。2021年4月には、都道府県レベルでは初めて、三重県が、アウティングの禁止などを盛り込んだLGBT差別禁止条例を施行した。

だが、この条例については、実は当事者の側からも反対がある。なぜなら、性的少数者がそのことをノーマルな友人に告白したとして、告白された側は、その秘密を誰にも漏らしてはならず、極端な話、墓場までもっていかなければならないのだ。それはたいへんな重荷だろう。だからこうしたリスクを孕《はら》んだ相手とは距離を置きたい、避けたいと思う気持ちがより強く働くようになるのも無理からぬことである。

当事者たちは、自分たちがますます腫物《はれもの》扱いとなってしまうことを恐れているのだ。

行政サイドは、この条例が、性的少数者の権利向上に寄与するどころか、かえって逆効果になってしまう可能性もあることを、今一度考えるべきである。

【ケース2】女子大に男子が入学する日——お茶《ちゃ》の水《みず》女子大学の〝英断〟

わが国における女子教育の最高峰・お茶の水女子大学が、男子学生に門戸を開放したというニュースが流れたとしたら、かなりの驚きをもって受け止められるだろう。女子教育の代名詞とされた名門国立大学である、お茶の水女子大学が、ついに男女共学に踏み切った？　からである。

えっ、そんなニュース聞いたことがないぞ。そりゃ、いくらなんでも事実無根だろうと思われるだろうが、実はまるっきりのフェイクニュースでもない。実質、〝男女共学〟になったともいえるし、ならなかったともいえる。禅問答みたいだが、これはいったいどういう意味なのか？

ただこれ、実はもう2019年に同大学が決定し、2020年度からすでに実施されていることなのである。お茶の水女子大学が先鞭《せんべん》をつけたこの取り組みを、国立では奈良《なら》女子大学、私立では日本《にほん》女子大学、宮城学院《みやぎがくいん》女子大学などが次々に導入しており、わが国における純粋な女子大学はいまや数少なくなりつつあるのかもしれない。

もうご存じの方も多いだろう。付属幼稚園から中学までは男女共学で、秋篠宮悠仁親王《あきしののみやひさひとしんのう》も通われているが、高校、大学は女子高とされていたお茶の水女子大学だが、2019年4月、戸籍又はパスポート上は男性であっても、自身の性自認が女性であるトランスジェンダーであれば、同大学の学部と大学院の入学を認める方針を打ち出したのだ。

同大学の「トランスジェンダー学生受入れに関する対応ガイドライン」を読むと、「本学ではこの決定を『多様性を包摂する女子大学と社会』の創出にむけた取組みと位置づけており、今後、固定的な性別意識に捉われず、ひとりひとりが人間としてその個性と能力を十分に発揮し、『多様な女性』があらゆる分野に参画できる社会の実現につながっていくことを期待しています」とある。

私は「トランスジェンダー女性」を何のためらいもなく、「女性だ」と言い切ることに抵抗感がある。そういうと、今や「差別だ」と非難されかねないが、厳然と存在する生物学的区分をまったく無視することが、果たして適正なことなのか？

しかし同大学では、入学する女性の定義を、本人の性自認だけで十分としている。「多様な女性」とはつまり、露骨な言い方だが、男性器を付けた者であっても、条件付きで女性として包摂されるという意味だろう。

私はこれは、女子大学における大きなパラダイムシフトであると考える。**女子大学自らが女性の定義を変更してしまったのだ。**そこで私は、お茶の水女子大学にこの件についての取材を申し込んだ。しかし、対面での取材は断られ、メールによる質疑応答となった。

■お茶の水女子大学への質問状■

まず私はこう質問した。

Q 女子大学である貴学自らが、女性とは身体的特徴を伴わない、つまり心が女性であれば女性であると定義したことになる。これは、男女の本来の性別の垣根を非常に低くしたことになるのでは？

A　本学で独自に女性の定義を変更したというより、トランスジェンダー女性は女性であるという近年標準的となっている認識を採用した。本学では、人が自分の性別を男性である／女性であると実感する性自認を尊重しており、男女の性別の垣根を低くしたとは考えていない。

Q　最初の質問を踏まえてだが、そうなると自己矛盾というか、わざわざ女子大学である意味がないのではないのか？　女子大学の存在価値そのものが揺らぐことにならないか？（つまりは、こんな面倒なことをしなくとも、共学にすればいいのではないかという意味の質問である）

A　学則では、入学資格として「女子に限る」としているが、女性の定義はしていない。入学資格について、受験生等から質問があった場合は、「戸籍上の性別」によることと回答してきた。

しかし、性同一性障害者特例法により、戸籍の性別変更が可能となった。また、文部科学省初等中等教育局から各都道府県教育委員会宛通知「性同一性障害に係る児童生徒に対するきめ細かな対応の実施等について」、同教職員宛「対応通知」では、戸籍上の性別によって児童・生徒を一義的に区別するのではなく、学校生活において、通称名、トイレ、体育、旅行等において配慮することが求められている。

また、大学については、日本学生支援機構から、「学生生活にかかる喫緊の課題セミナー：性的指向・性自認の多様な在り方の理解増進」というガイドラインが公表されている。以上のような社会的変化を踏まえ、戸籍上又は性自認が女性である方について入学資格があるとし、２０２０年度入試から、受験資格を認めることとした。

トランスジェンダー学生の受入は、入学資格にある女子（女性）の定義の拡張にもとづくもので、女子大学というミッションを変更するものではない。

トランスジェンダー学生の受け入れは、「入学資格にある女子（女性）の定義の変更ではなく、拡張」との主張である。物は言いようである。

そして私はこうも聞いた。

Q　そもそも、身体的には男性で、心は女性であるという自意識は非常に不安定で曖昧である。なぜなら、この状態は医学的にも解明されておらず、その性自認も絶えず揺れ動いているからだ。性適合手術を受けても満足できず、後悔する人が多いこともその表れだと思われる。受け入れに当たってはこうした事情を考慮されたのか？

A　そのような問題は検討した。とくに通常の大学入学年齢（18歳）の時点では、性自認が揺れる、変化することがあることを考慮し、いわゆるXジェンダーの方は受け入れず、性自認が女性であることを大学として確認した方についてのみ、受験資格を認めることとしている。

しかし、性自認が女性であることを客観的に判断するのは難しい。同大学では具体的に、出願前の事前相談で、自分の性についてどう思っているかなどの申告書の提出と、性同一性障害の診断書、友人に証明してもらうなど、客観的な資料の提示を求めるそうだ。疑わしい、判断できない場合は、在学生のことを考慮して断る場合もあり、極めて慎重な手順を踏み判断するとしている。

私は、トランスジェンダーにとってのトイレの問題についても聞いた。

Q　貴学のガイドラインには、「だれでもトイレ」が利用できるとあるが、その後の文章に、

「当該者及び周囲の状況から、女子トイレを使用することが適切であれば、これを使用することが可能です」とある。「当該者及び周囲の状況から」というのは具体的にどういうことか？

この問題については、重ねて次のように質問した。

Q　トランスジェンダーにとって、トイレの利用をどうするかは深刻な問題である。しかし女性の立場からすると、身体的に男性であるトランスジェンダーが女子トイレを利用することにはどうしても抵抗がある。これは偏見、差別に当たるのか？

先日の経済産業省のトランスジェンダー女性の裁判の例もある。実際、国内外でトラブルが起きている。

A　対応ガイドラインの前文で述べるように「トランスジェンダーと呼ばれる学生の身体、外見、服装、意識、思考、行動はさまざまです」。当該の方が、女子トイレを使用することを希望し、その使用が、本人にとっても周囲にとっても違和感を与えないような状況を想定している。

元の身体の性別が男性であったことが、周囲に全く気づかれず、女性の中に埋没しているトランスジェンダー女性の方は多くいるので、そのような場合は女子トイレの使用はまったく問題がない。

周囲の学生の間に、抵抗感がある場合には、「だれでもトイレ」の使用を勧めることになる。トランスジェンダーの当事者を含めて、すべての学生の生活環境を守ることが大学の責任と考えている。

要するに、普通の女性と比べてほとんど違和感がない外見を持ったトランスジェンダー女性なら、女子トイレの使用がOKということだ。

であれば、同大学の受験資格を取得するための最も重要な条件が、周囲と違和感のない容姿ということなのではないか。なぜなら、女子だらけのキャンパスに、いくら心は女と強弁しても、おっさんのような外見の女子学生がいていいとは思えない……。

いや、性自認を絶対視するのならそれもありなのかもしれないが、周囲の学生の反応を考えれば、現実的に無理だろう。

トイレ以外にも、更衣室の使用や学生寮への入寮はできるのか、スポーツの授業に普通に参加できるのか、スポーツサークルの対外試合に女子選手として出場するのか、教育実習を行う場合は、留学する場合はどうするのか等々、問題山積だ。

大学生活のすべてにおいて、大学側の非常にきめ細かな対応が必要となるが、お茶の水女子大学は、その一つひとつに丁寧に対応しているようだ。

だが、「トランスジェンダー学生受け入れに関するガイドライン」にはもう1点、非常に気になる記述がある。

「本人が入学後に男性としての性自認に変わった場合でも、学則や学生懲戒規定等に反しないかぎり、退学にすることはありません」

となると、女子大学を卒業した男子学生第1号の栄誉でも受けるのだろうか。実際、女性から男性に戻ったとして学内の様々な処遇を変更しなければならず、そもそも卒業後の進路についても、大学側がしっかりフォローしなければ、かなりの混乱が生じると思われる。

これについての同大学の回答は、

「性自認が変わった場合に、学生としての処遇を変更する必要が生じれば、対処する。学歴としては女子大学の卒業となるので、入学（受験）時に、将来、性自認が男性となった場合に生じる問題については伝えることとしている」

とのことである。しかし実際に、「私はやっぱり男だった！」と、ちゃぶ台返しをされれば面倒なことになるのは目に見えている。

ますます曖昧・混沌《こんとん》とするジェンダーの境界

私はこの一連の回答を読み、もしかしたら思春期の性の揺らぎにすぎない危うい自意識を過大視して、女子大学自らが、女性の定義を変更する（拡張する）という愚を犯してはいまいかと考える。

同大学の学長・佐々木泰子《ささきやすこ》氏は、日本はLGBTに関する施策に関して、諸外国より遅れているという意味のことを言っている。本当にそうだろうか？　何度も言うが、日本は歴史的に、同性愛者に対して欧米などよりはるかに寛容であった。そんなわが国と欧米とを単純に比較できるのだろうか。

しかも、あちらでは今やLGBTの権利擁護どころか、LGBT優遇、いや礼賛にまで突き進んでいるのだ。

日本には日本のやり方がある。向こうの行き過ぎた風潮まで右へ倣《なら》えして、社会の混乱を招くことはないはずだ。

実は、今回のお茶の水女子大学の取り組みを先取りしたかのような事件が、過去に起きている。

2015年1月、福岡《ふくおか》市在住の20代の男性が、公立福岡女子大学（福岡市）を相手取って民事訴訟を起こした。

この男性は、前年の2014年11月、同大学の食・健康学科の社会人枠を受験するため願書を提出した。男性は栄養士をめざしているが、福岡県内で資格を取得できる国公立大学は、福岡女子大だけだからと言う。しかし「女子の入学しか認めていない」との理由で、願書は受理されなかった。するとこの男性は、「法の下《もと》の平等に違反する」として、福岡地裁に提訴したのである。

訴状には、性同一性障害の例を挙げた主張がなされている。つまり、性同一性障害者が性別を変更して女性になった場合は、同女子大を受験できることは明らかで、そうであるならば、男性である原告が、同女子大の入学試験を受験できないのは、合理的な理由のない差別であるというのである。

2015年当時は、およそ非現実的な主張に思えたが、お茶の水女子大のトランスジェンダー学生受け入れが現実のものとなった今では、なにやら、この取り組みを予見する訴訟だったのではないかとすら思えてくる。

ちなみにこの男性は途中で訴えを取り下げた。

だが仮に、自分はトランスジェンダー女性であると主張して、今度はお茶の水女子大学に出願すれば、受験資格を得られたかもしれない。しかも、文字通り性自認だけで、戸籍変更に必須の性適合手術を受ける必要さえないのだから、2015年当時と比べても、皮肉なことだが、女子大学における女子であることの条件は限りなく低くなったといえる。

【ケース3】春日部《かすかべ》市議、不必要なパートナーシップ制度導入との闘い

「自分の発言が正しいと思ったら最後まで筋を通すべきです。だから私は謝罪も撤回もしない。こうしたことが起きるとなぜすぐに謝罪してすまそうとするのか、とことん議論すべきです。大体私の発言のどこが差別なのか指摘してほしい。そもそもわが国には欧米のような差別はない。ミッツ・マングローブとかマツコ・デラックスとかテレビで大活躍している。この人たちを排除したり差別したりすることは全くないじゃないですか」

埼玉県春日部市の市議会議員、井上英治《いのうええいじ》氏の言葉である。

2020年9月18日、春日部市議会は、LGBTの支援団体が、パートナーシップ制度の導入と性自認・性的指向の差別禁止を求めて提出した請願を採択した。その時、ただ1人、この採択に反対したのが無所属の井上市議だった。

井上市議は、この採択に先立つ15日の一般質問で、市教育委員会へのLGBT関連相談が過去5年間ゼロだったなどとする市の答弁を踏まえ、18日の本会議で、「請願は市内には実際に存在しない差別があると言っている」と主張。

パートナーシップ制度についても、「男女間の婚姻を優先するのは、出産、子育てを考えれば当然のこと。この認識は広く国民の間に浸透している」としたうえで、「同制度は、憲法違反の同性婚の実現につながる」と批判し、「小中学生にレズビアンやゲイを教える必要はない」と主張した。

ところがこの9月18日の議会終了から30日以上経過した10月21日、突然、共同通信記者が井上市議の自宅を訪れ、市議会でのLGBTを巡る発言を問い質《ただ》した。井上市議は「翌日改めて市役所で記者の取材に応じる」として対応したが、翌日この記者はわざわざLGBT当事者を同行したうえに、ノックもなくいきなり控室に入ってきた。井上市議は部屋を出て廊下で応対しようとすると、これも断りなく井上市議の写真をバシャバシャと撮り始めた。

これに怒った井上市議が抗議すると、後日、共同通信支局長が謝罪したが、市議の議会での発言がLGBT差別であるかのような記事が、全国に配信されてしまった。

これがもとで、テレビ・新聞の取材依頼が殺到。また、当事者支援団体「レインボーさいたまの会」が、「周囲との関係に悩む多くの当事者を、さらに攻撃し自己肯定感を傷つけるものだ」として、謝罪と発言の撤回を要求した。

このため井上市議は11月11日に、弁護士立ち合いのもと、合同記者会見を行った。

席上、井上市議は、「差別感や偏見は持っていない」と述べた。また、「私を批判するのは自由だが、言論の自由を認めるべきだ。議会は反社会的でない意見ならば自由に賛否を述べる場だ。謝罪の必要はないし、発言の撤回もしない」と語った。

この記者会見ではTBSの記者が、井上市議の「春日部には差別がない」という発言についてこう質問した。

「LGBTの方の6割が、中学や高校で差別を受けたという調査がありますが」

「それは全国の話でしょ。僕は春日部市議ですよ、春日部のことを言ってください。具体的に、春日部のどこで、いつどんな差別があったか文書に出してくださいよ」

「そうすると、差別を受けているというLGBT当事者の具体的な報告がないと、差別はないという認識でいいですか」

「言ってくれなきゃわからないでしょう」

井上市議が切り返した。

「実際には存在しない差別」への優先対応を行政に求める活動家のやり口

井上市議は、遡《さかのぼ》って平成30年（2018年）9月の議会でも、LGBT条例に反対する旨の一般質問を行っている。それ以後、一貫してパートナーシップ制度の請願に反対しているが、それは、**「市内でも学校でも法務局でも医療センターでも差別事案は起きていない」という事実を根拠にしているからだ。**

井上市議が説明する。

「春日部市内には人権相談、行政相談、法律相談など市民相談窓口がたくさんある。このような相談窓口でLGBT問題での純粋な悩み相談件数がここ数年でどのくらいあるか、また、教育委員会でも、いじめ相談窓口を設けているが、やはりLGBTに絡んだ悩み相談がどのくらいあるかを、定例会で一般質問を行ったわけです。その答弁の内容を見ると、県レベルで見ても、相談件数は圧倒的に少ない」

たとえば、市教育委員会のいじめ相談窓口でのLGBTに関する相談件数は、平成30年9月から5年間遡って調べてもゼロ。また、市単位での数値の公表はしていないので、さいたま法務局管内のLGBT関連の人権相談件数になるが、平成30年は、性的指向に関する相談が1件、性自認に関する相談が4件、令和元年は性的指向に関する相談が1件、性自認に関する相談が3件である。

現在の埼玉県の人口はおおよそ734万人だから、734万分の1〜4ということになる。要するに、事実上、差別の実態はなく、新たに制度化する必要があるとは思えないのである。

また、**LGBTの当事者、および支援団体がしきりに主張する差別の事例については、現行法でも十分解決可能**だと井上市議は言う。

「例えば、パートナーが入院しても病室での付き添いや看護をさせてもらえないとか、パートナーのどちらかが亡くなっても遺産の相続ができないといった問題は、全てパートナーとして公正証書を作って提出すれば、問題は解決する。その段階で排除の動きや問題は過去にないわけです。平成30年9月の定例会で一般質問したところ、春日部市立医療センターからの回答で、病院でも全く問題は起きていないとなっている」

井上市議はもちろん、LGBTへの差別はあってはならないと考えているし、春日部市内にまったくLGBTがいないと言っているわけでもない。

だが、政治というのは机上の空理空論ではない。本来こうした政策は、支援する対象の市民が具体的に存在して初めて決定され、議会に提出され、議決されれば予算がつき、税金が投入される。具体的に、困っている人、支援すべき対象が存在するのかどうか不明なところにどうやって予算をつけるのだろうか？

第一、市民が納得をするのか？

「圧倒的多数の市民は、児童虐待や難病支援、防災対策、医療、介護の充実など、他に優先的にやるべきことがあると思っているんじゃないでしょうか」

井上市議は強調する。

税金が投入される以上、より緊急性の高い問題から手をつけることは当然だ。国政と違い、住民により近い地方行政の場合は、なおさらである。要は優先順位の問題なのだ。

「家族もろとも殺してやる！」――井上市議のもとに次々届く卑劣な脅迫

この問題をテレビや新聞が批判的に報道すると、井上市議のもとに、抗議の電話やメール、ファックスが多数寄せられた。

「家族もろとも殺してやる」という脅迫電話があり、「今の世の中やネットを甘く見ない方がいいと思いますよ。謝罪した方が身のためですよ」という脅しめいたメールもあった。用紙いっぱいに特大の文字で、「井上英治辞職しろ」と印字されたファックスも届いた。

ただ、抗議の声ばかりではなかった。記者会見の翌日、２０２０年11月12日までに寄せられた抗議は41件、賛同は44件で、賛同の声のほうが上回っている。

「結局、騒いでいるのは活動家だけなのではないですか」

井上市議は言う。その根拠のひとつとして彼が挙げるのは、平成30年（2018年）の2月～3月に東京都港区が東京23区内に住む性的マイノリティを対象に行ったネット上のアンケート結果だ。有効回答件数は400件である。

それによると、「子供時代にセクシュアリティに由来して困ったことは？」という設問に対して66・5%が「特にない」、「求職・就労時にセクシュアリティに由来して困ったことは？」という問いにも、73・5%が「特にない」、「地域で暮らす上でセクシュアリティに由来して困ったことは？」の問いにも「特にない」が69・5%。

確かにLGBT活動家が騒ぐほど、残念ながら当事者は生活上の困難を抱えていないようだ。また、「住んでいる自治体でパートナーシップ宣誓制度があれば、宣誓したいと思うか」という問いには、71・3%が「思わない」と答えている。

「思わない」と答えた人たちの中で最も多かった理由は「そっとしておいてほしい。目立ちたくない」というものだった。

一方、当事者支援団体「レインボーさいたまの会」は、井上市議に対し、公の場での謝罪を求める署名活動を開始。インターネットの署名サイトで賛同者を募ったところ、10

25人分の署名が集まったとして、翌2021年4月にこの署名簿を市議会に提出した。

ところがこれを井上市議が確認したところ、町名や地番、電話番号、押印がないものや、一見してあり得ない住所を書いているものがあり、とても署名には値しない代物だった。それでも朝日新聞は、1025人もが井上市議への謝罪要求に賛同したとしてこれを報じた。

異論を認めないポリコレは、真の民主主義を圧殺する

LGBT関連の法案は、議会において必ず満場一致で成立させなければならないものなのか。それに反対する者はすなわち、LGBTへの差別者と見なされるのか。

実際にLGBT支援団体は、「LGBT条例に反対すること自体がLGBT差別になるのではないか」と主張している。異論を封じるこうした決めつけは明らかに米国のポリコレの影響を受けているが、以前の部落解放同盟の論理でもある。

部落民以外はすべて差別者であるとして、部落解放同盟が行政を支配下において推し進める施策をわずかでも批判すると、「部落差別だ!」とすさまじい攻撃を受けた。

そして、「人格崩壊する」といわれるほどの過酷で悪名高い糾弾の矢面《やおもて》に立たされた。

LGBT関連の圧力団体のやり方は、部落解放同盟のそれに似てきたと感じる。

実はもう一つ、井上市議が批判を浴びた理由がある。彼は2020年9月15日の市議会定例会で、パートナーシップ制度導入を求めた請願について、「いったん請願を通したら要求はどんどん出てくる。そういった左翼の作戦に対し警戒心がないのは議員として問題がある」とも発言していたからだ。

これについても新聞は、「LGBT請願は左翼の作戦」などと批判的に書き立てた。いかにも唐突な発言のように聞こえるが、井上市議もまた、米国に蔓延するポリコレ＝LGBT礼賛の背後に文化マルクス主義があることを知っており、この新たなマルクス主義のわが国への浸透に警戒感を抱いているのである。

いったい議会とは何のために、誰のために存在するのか。LGBTと名がつく法案に一人の反対者も出してはならないというなら、審議は一切必要ないということになる。井上市議も言うように、**そこには民主主義も言論の自由もない。全体主義であり、ファシズムそのものだ。**

ポリコレは、ディストピアへの直行便

ところで井上市議は現在、「フェアスペース」というLGBTに関するオピニオンサイ

トを運営している。これを閲覧すると、米国のトランスジェンダーを巡る、常軌を逸したとしか思われない事例が報告されている。

「トランスする子供達」と題して、在米日本人女性Blah氏が報告しているレポートを読むと、米国では、性の揺らぎが起こりやすい思春期の子供が性別違和を訴えた場合、それを尊重する医療が行われるという。

たとえばいくつかの州では、自称トランスジェンダーの少女が、自分は性自認が男なのでホルモン治療を始めたいと言えば、医師は、「あなたがそう思うならあなたは男性です。さっそくテストステロンの処方箋を書きましょう」といって、患者主体の医療がまかり通ってしまう。驚くべきことに治療の内容は親に全く知らされず、介入も許されない。しかし保護者の支払う健康保険の適用内で子供の治療は進んでいく。

ある日突然「自分は男だ」と言い出した娘に対し、保護者が「それは気の迷いよ」とうっかり反論すると、保護者は〝トランス差別者〟と見なされ、娘から強制的に引き離される。人権派弁護士や児童福祉士の支援を得て未成年者のシェルターに身を隠した娘は、ホルモン療法などを行い、着々と性別移行してゆく。その間、保護者は愛する娘に会うことすらできないのだ。

近年、米国では、このような性的違和を訴える少女たちが急増している。Blah氏が書いているが、少女たちにとって、トランスジェンダーは、最高にクールなトレンドのようだ。かつては拒食症や自傷行為であったものが、思春期の性の揺らぎや早期ジェンダー教育、LGBT礼賛、華やかなインフルエンサーによって、自身もトランスジェンダーであることをカミングアウトし、時に、身体改造を伴う性別移行にまで至ってしまう。

だが、この空前のトランスジェンダーブームは、意図的に準備されてきたものである。有名なハリウッド俳優が性別移行を公言したり、ユーチューブやインスタグラムには、トランスジェンダーのあれこれを指南するインフルエンサーがあふれ、児童書や、子供向けアニメにも、トランスキッズが登場する。2歳児から4歳児が対象の大人気の幼児番組にはドラァグクィーンが出演し、性的マイノリティについて歌い踊る始末だという。

しかし、熱狂の季節が過ぎ去り、われに返ると、男性になった少女たちの多くが深くこれを後悔するようになるという。そして、実にその約8％が元の性別に戻る手術を受けるそうだ。

とはいえ、元の完全な女性に戻れるわけではない。耐えがたい副作用や生涯消えない身体の傷、そして、深い精神的な後遺症に苛《さいな》まれるようになるのだ。

トランスキッズを巡る低年齢化はすさまじく、3歳の性自認を親が嬉々としてSNSで報告したり、乳幼児サイズの人工ペニス（ズボンの下に着用して股間を膨らませる）なるものが堂々と売られているというから、世も末である。

いやいや、ものは考えようだ。これは、ポリコレを〝正しく〟守り、マルチカルチャリズム（多文化主義）に激しく共感し、ダイバーシティ&インクルージョン（多様性と包括性）を力強く推進した末のディストピアならぬ、ユートピアなのかもしれない。

ある意味、米国で何世代にもわたって地道に続けられてきた文化マルクス主義運動の結実であり、〝革命後の風景〟なのであろう。

「わが国はジェンダー後進国だ」「世界の潮流に乗り遅れている」

そう騒ぐ、日本が嫌いで仕方ない人たちは、ぜひ、この理想の米国社会に見習って、わが国にも範を垂れてほしいものだ。

2、3歳児のトランスキッズが溢れる社会は、さぞすばらしいパラダイスに違いない。

【参考にしたサイト・動画】

■パク・ヨンミ（Yeonmi Park）さん出演の動画
Fox News出演時（2021年6月）
https://www.youtube.com/watch?v=cMTdb1RsreU
The Telegraph出演時（2021年7月）
https://www.youtube.com/watch?v=dhFOW9RRckY&t=1337s
こちらは「One Young World 2014」における最初のスピーチ
https://www.youtube.com/watch?v=ApSMANpOI1Y

■セリーナ・ソウル（Selina Soule）さん出演の動画
〔多数あるが、これはPragerUの日本語字幕付きもの〕
https://www.youtube.com/watch?v=-BuV-s1SYLk&t=172s

■「世界日報」バイデンのアメリカ　早川俊行
https://www.worldtimes.co.jp/category/series/baidennoamerika

■PRESIDENT　Online
「世界120位『女性がひどく差別される国・日本』で
男より女の幸福感が高いというアイロニー」　本川裕
https://president.jp/articles/-/44903

■現代ビジネス　「なぜ『おっさん差別』だけが、この社会で喝采を浴びるのか」
御田寺圭
https://gendai.ismedia.jp/articles/-/65751?imp=0

■WEDGE　infinity「米抗議デモ、異論を封じ込める風潮への違和感」土方細秩子
https://wedge.ismedia.jp/articles/-/19895

■tarafuku10の作業場　「ウォールストリートジャーナル」ヘザーマクドナルド「制度化された人種差別主義が警察に存在するという神話」の日本語訳
https://tarafuku10working.hatenablog.com/entry/Heathe_Mac_Donald

■ FAIR　SPACE　LGBTに関するフェアな情報サイト
発起人兼管理人　春日部市議井上英治
https://www.fair-space.info/

■米国東海岸在住日本人女性Blah氏のノート
https://note.com/yousayblah/

■Queer Kid Staff こちらは幼児・子供向けにLGBTを奨励するためのチャンネル
https://www.youtube.com/watch?v=xnTSSbS7Dgk

【参考文献】

『生きるための選択 ―少女は13歳のとき、脱北することを決意して川を渡った』
パク・ヨンミ　満園 真木訳（辰巳出版）

『企画展示　性差(ジェンダー)の日本史』（一般財団法人歴史民俗博物館振興会）

『トランプ超保守改革　神と自由を取り戻す!』森田清策・早川俊行（世界日報社）

「世界日報」2021年5月8日付「記者の視点」早川俊行

「世界日報」2021年7月10日付「記者の視点」早川俊行

『「アメリカ」の終わり　“忘れられたアメリカ人”のこころの声を聞け』山中泉（方丈社）

『日本人にリベラリズムは必要ない　「リベラル」という破壊思想』田中英道
（KKベストセラーズ）

『アメリカン・バカデミズム　「反日」の本丸アメリカを撃て!』ジェイソン・モーガン
（育鵬社）

『リベラルに支配されたアメリカの末路』ジェイソン・モーガン（ワニブックス）

『日本人に隠しておけないアメリカの“崩壊”』マックス・フォン・シュラー(ハート出版)

『アメリカはクーデターによって、社会主義国になってしまった』
マックス・フォン・シュラー　（青林堂）

『世界を動かす変革の力　ブラック・ライブズ・マター　共同代表からのメッセージ』
アリシア・ガーザ　人権学習コレクティブ監訳　（明石書店）

『ブラック・ライヴズ・マター回想録　テロリストと呼ばれて』
パトリース・カーン＝カラーズ　ワゴナー理恵子訳　（青土社）

『ブラック・ライヴズ・マター　黒人たちの叛乱は何を問うのか』（河出書房新社）

『「差別はいけない」とみんないうけれど。』綿野恵太　(平凡社)

『グラムシ』片桐薫　（リブリポート）

『フランクフルト学派　ホルクハイマー、アドルノから21世紀の「批判理論」へ』
細見和之　（中央公論新社）

『アンジェラ・デービス自伝』上　加地永都子訳　(現代評論社)

『アンジェラ・デイヴィスの教え　自由とはたゆみなき闘い』
アンジェラ・デイヴィス　浅沼優子訳　(河出書房新社)

『ホワイト・フラジリティ　私たちはなぜレイシズムに向き合えないのか?』
ロビン・ディアンジェロ　貴堂嘉之＝監訳　上田勢子=訳　（明石書店）

『純粋寛容批判』ハーバート・マルクーゼ
ロバート・ポール・ウォルフ　バリントン・ムーア・ジュニア共著
大沢真一郎訳　（せりか書房）

『ユートピアの終焉――過剰・抑圧・暴力』ヘルベルト・マルクーゼ　清水多吉訳
（中央公論新社）

「現代思想」2020年10月臨時増刊号　総特集 ブラック・ライヴズ・マター
（青土社）

『一九八四年』ジョージ・オーウェル　高橋 和久訳　（早川書房）

福田ますみ　（ふくだ　ますみ）

1956年横浜市生まれ。立教大学社会学部卒。専門紙、編集プロダクションを経てフリーのノンフィクションライターに。
明治以降の日本近現代史、社会主義運動史、日本共産党史、ロシア近現代史、とくにロシア革命について詳しい。多角的な取材に基づいたルポルタージュを得意とし、冤罪事件への関心も高い。

著書
- 『でっちあげ　福岡「殺人教師」事件の真相』2007年新潮ドキュメント賞受賞
- 『モンスターマザー 長野・丸子実業「いじめ自殺事件」教師たちの闘い』2016年編集者が選ぶ雑誌ジャーナリズム賞・作品賞受賞
- 『暗殺国家ロシア　消されたジャーナリストを追う』（以上新潮社）
- 『スターリン家族の肖像』（文藝春秋）など。

装　丁　　中原達治
DTP　　山口良二

ポリコレの正体《しょうたい》
「多様性尊重」「言葉狩り」の先にあるものは

2021年12月10日　第1版第1刷発行
2022年４月20日　第1版第6刷発行

著　者　福田《ふくだ》　ますみ
発行人　宮下　研一
発行所　株式会社方丈社
〒101-0051
東京都千代田区神田神保町1-32　星野ビル2F
TEL. 03-3518-2272／FAX. 03-3518-2273
ホームページ https://hojosha.co.jp/

印刷所　中央精版印刷株式会社

ISBN978-4-908925-86-3